खुशी के 11 रहस्य

अभाव से प्रचुरता (ABUNDANCE) की ओर ले जाने वाला एक जादुई सफर

रूपाली गुप्ता

Made with ♥ on the Notion Press Platform
www.notionpress.com

समर्पण

सबसे पहले, मैं परमात्मा शिव बाबा के उस मौन, सदा उपस्थित मार्गदर्शन के प्रति अपनी कृतज्ञता व्यक्त करती हूँ।— उस अदृश्य शक्ति और परम चेतना को, जिसने मुझे तब भी सहारा दिया, दिशा दिखाई और जागृत किया, जब मैं स्वयं उससे अनजान थी।

यह पुस्तक उन सभी आत्माओं को समर्पित है, जो मेरे जीवन में परिवार, मित्र, शिक्षक, अजनबी और यहाँ तक कि चुनौतियों के रूप में आईं — यह पुस्तक आपके ही अस्तित्व का एक प्रतिबिंब है। उन सभी को, जो मेरी जीवन यात्रा में किसी न किसी रूप में साथ बने रहे।

उन अपनों को, जिन्होंने प्रेम, विश्वास और सहारा दिया... उन परिस्थितियों को, जिन्होंने मुझे भीतर से मजबूत बनाया... और उन अनुभवों को, जिन्होंने जीवन को एक नई दृष्टि से देखना सिखाया। यहाँ लिखा गया कुछ भी केवल मेरा नहीं है। यह जीवन की इस साझा यात्रा से उपजे अनुभवों, चिंतन और आत्मबोध का एक संग्रह है।

यदि इन शब्दों के माध्यम से किसी एक भी आत्मा के जीवन में सुकून, प्रेरणा या मुस्कान आ सके, तो यही इस प्रयास की सबसे बड़ी सफलता होगी।

विनम्रता और कृतज्ञता के साथ, मैं यह आप सभी को समर्पित करती हूँ।

विनम्रता और कृतज्ञता सहित,
रूपाली गुप्ता

क्रम-सूची

क्रम-सूची

प्रस्तावना

"खुशी के 11 रहस्य" की ऑनलाइन सत्रों की एक समर्पित सहभागी होने के नाते, मैं अपने अनुभव को साझा करते हुए स्वयं को सम्मानित महसूस करती हूँ। इस कोर्स को पूरा करना मेरे लिए एक गहराई से परिवर्तनकारी यात्रा रही।

सबसे बड़ा परिवर्तन मेरे दृष्टिकोण और सोच में आया। इस कोर्स से पहले, जीवन के कई क्षेत्रों में मुझे भीतर कहीं न कहीं "कमी" या "अपूर्णता" का अनुभव होता था। इन सत्रों ने मुझे उस अभाव की भावना से निकलकर, समृद्धि और पूर्णता की चेतना में जीना सिखाया।इसके साथ ही, इसने मेरे विचारों को इतनी गहराई से परिष्कृत किया कि मैं यह समझ सकी कि हम किस प्रकार "मैं" से आगे बढ़कर "एकत्व" का अनुभव कर सकते हैं। इस समझ ने मेरे दैनिक जीवन में एक सार्वभौमिक जुड़ाव और आत्मिक एकता का अनुभव कराया।

यद्यपि मेरी बाहरी परिस्थितियाँ वैसी ही रहीं, लेकिन भीतर की यह समृद्धि और एकत्व की अनुभूति मेरी पूरी जीवन यात्रा की दुनिया को बदल गई। इन शिक्षाओं को अब एक पुस्तक के रूप में संकलित होते देख मुझे अत्यंत प्रसन्नता हो रही है। मैं इस पुस्तक की सिफारिश हर उस व्यक्ति से करूँगी जो अपने जीवन में वास्तविक परिवर्तन की खोज में है।

कृतज्ञता सहित,
मधुमिता माझी
कोलकाता
अप्रैल 2026

भूमिका

लगभग एक दशक पहले, अनजाने में मैंने एक ऐसे मार्ग पर कदम रखा, जिसने मेरे जीवन की दिशा हमेशा के लिए बदल दी। यह कोई योजनाबद्ध आध्यात्मिक यात्रा नहीं थी। यह जीवन की परिस्थितियों के प्रति एक प्रतिक्रिया के रूप में शुरू हुई — एक ऐसा समय, जब मेरे भीतर सब कुछ परिवर्तन की मांग कर रहा था।

एक अत्यंत अशांत वैवाहिक जीवन के बीच, मैं स्वयं को एक ऐसे मोड़ पर खड़ा पाया, जहाँ मुझे चुनना था — संघर्ष को जारी रखना या शांति को अपनाना। पहली बार, मैंने स्वयं को चुना। मैंने संघर्ष के स्थान पर शांति को, भ्रम के स्थान पर स्पष्टता को, और बाहरी अपेक्षाओं के स्थान पर अपने भीतर के सत्य को चुना। वही निर्णय मेरे जीवन का निर्णायक मोड़ बन गया।

मेरी खोज मुझे प्रजापिता ब्रह्माकुमारी ईश्वरीय विश्वविद्यालय के द्वार तक ले गई, जहाँ राजयोग मेडिटेशन और आध्यात्मिक ज्ञान के माध्यम से मुझे आत्मा, जीवन और चेतना की गहरी समझ प्राप्त हुई। उन वर्षों में, मैंने स्वयं के गहन सत्य को जानने की यात्रा में पूरी तरह स्वयं को समर्पित कर दिया, साथ ही एक ब्रह्माकुमारी के रूप में सेवा भी की। उस चरण ने मुझे स्पष्टता, अनुशासन और असंभव को संभव बनाने का आत्मविश्वास दिया।

किन्तु जैसे-जैसे यात्रा गहरी होती गई, मुझे यह अनुभव हुआ कि कोई भी संगठन स्वयं अंतिम गंतव्य नहीं होता; वह केवल सत्य की ओर जाने वाले मार्ग का एक द्वार हो सकता है। बाहरी अभ्यास, अनुशासन और नियम हमें दिशा दे सकते हैं, सहारा दे सकते हैं और मजबूत बना सकते हैं — लेकिन वे अंतिम मंज़िल नहीं हैं। सच्ची समझ तो एकांत के क्षणों में, मौन आत्मचिंतन में, ईमानदार आत्मविश्लेषण में, और बिना किसी आवरण के स्वयं के भीतर देखने के साहस में प्रकट होती है।

इस यात्रा के दौरान, मैंने यह भी अनुभव किया कि वेदों, उपनिषदों और भगवद गीता का सार अंततः एक ही सत्य की ओर संकेत करता है — कि मैं, आत्मा, अपने जीवन का केंद्र बिंदु हूँ। समय के साथ मुझे यह भी समझ आया कि खुशी कोई ऐसी वस्तु नहीं है जिसे प्राप्त किया जाए, पीछा किया जाए या बाहर से हासिल किया जाए। खुशी तो एक ऐसी अनुभूति है जिसे समझा जाना है। यह बाहर की हर चीज़ को नियंत्रित करने से नहीं आती, बल्कि अपने भीतर पहले से विद्यमान सत्य को जागृत करने से प्रकट होती है।

सन् 2019 से, मैं इसी समझ को ऑनलाइन सत्रों और व्यक्तिगत संवादों के माध्यम से साझा कर रही हूँ — एक शिक्षक के रूप में नहीं, बल्कि केवल एक माध्यम के रूप में, जिसके द्वारा राजयोग की अंतर्दृष्टि और प्रत्यक्ष आत्म-अवलोकन के अनुभव सहज रूप से प्रवाहित हो सकें।

जीवन के विभिन्न क्षेत्रों से लोग इन सत्रों से जुड़े — अपने साथ तनाव, भ्रम, भावनात्मक बोझ और अनुत्तरित प्रश्न लेकर। ईमानदार आत्मचिंतन और व्यावहारिक आंतरिक अभ्यासों के माध्यम से, बहुतों ने अपने भीतर शांति, स्पष्टता, स्वतंत्रता और स्वयं से पुनः जुड़ने का अनुभव किया।

आज पीछे मुड़कर देखती हूँ तो महसूस होता है कि बचपन से ही एक शांत आंतरिक स्वर हमेशा मेरे भीतर उपस्थित था — धीरे-धीरे मार्गदर्शन करता हुआ, धैर्यपूर्वक प्रतीक्षा करता हुआ। उस स्वर को इन शब्दों के माध्यम से अभिव्यक्त होने में वर्षों के अनुभव, साहस और आंतरिक परिवर्तन लगे। यह पुस्तक उसी स्वर की एक अभिव्यक्ति मात्र है।

"खुशी के 11 रहस्य" उन जीवंत अनुभवों के सार से जन्मी है। यह केवल सिद्धांतों का संग्रह या आँख मूँदकर पालन करने योग्य निर्देश नहीं है। यह एक निमंत्रण है — रुकने का, स्वयं को देखने का, और अपने वास्तविक स्वरूप को पुनः खोजने का।

इस पुस्तक का प्रत्येक अध्याय खुशी की एक महत्वपूर्ण रहस्य को सरल, व्यावहारिक और गहराई से आत्मचिंतनपूर्ण तरीके से प्रस्तुत करता है। ये केवल सराहने योग्य विचार नहीं हैं — ये ऐसे सत्य हैं जिन्हें जीवन में उतारकर अनुभव किया जा सकता है। यदि ये पृष्ठ आपको स्वयं को अधिक स्पष्ट रूप से देखने, अपने जीवन को अधिक गहराई से समझने, और अपने भीतर अधिक शांति का अनुभव करने में सहायक बनें, तो इनका उद्देश्य पूर्ण हो जाएगा।

आपका स्वागत है एक ऐसी यात्रा में, जो खुशी का पीछा करने की नहीं, बल्कि यह जानने की है कि खुशी हमेशा से आपके जितनी निकट थी, उससे कहीं अधिक निकट, जितना आपने कभी सोचा भी नहीं था।

आमुख

बाहरी खुशी का भ्रम

यदि आप ध्यान से देखें, तो आपको एक असहज लेकिन गहरा सत्य दिखाई देगा— अधिकांश लोग वास्तव में खुश नहीं हैं; वे केवल व्यस्त हैं। उलझे हुए। विचलित। मनोरंजन में डूबे हुए। सुबह से रात तक जीवन एक निरंतर बाहरी दौड़ बन जाता है। काम, सोशल मीडिया, शॉपिंग, पार्टियाँ, यात्राएँ, बातचीत, यहाँ तक कि आध्यात्मिक सभाएँ भी — सब कुछ उस चीज़ से बचने का माध्यम बन जाता है, जो चुपचाप भीतर बैठी होती है। वह "कुछ" है — एक सूक्ष्म खालीपन।

आधुनिक दौड़

आज की दुनिया ने भागना बहुत आसान बना दिया है। अब आपको स्वयं के साथ बैठने की आवश्यकता ही नहीं पड़ती। जैसे ही मौन आता है, आप उसे किसी न किसी चीज़ से भर सकते हैं — संगीत, मोबाइल स्क्रॉलिंग, बातचीत, योजनाएँ या शोर से। लोग कहते हैं:

- "चलो बाहर चलते हैं, मुझे ब्रेक चाहिए।"
- "इस ट्रिप के बाद मैं अच्छा महसूस करूँगा।"
- "शॉपिंग करने से मुझे खुशी मिलती है।"
- "यह वीकेंड सब ठीक कर देगा।"

और कुछ क्षणों के लिए यह सच भी लगता है। पार्टी आपका मूड बेहतर कर देती है। यात्रा आपको तरोताज़ा कर देती है। नई चीज़ खरीदने से उत्साह आता है। लेकिन ध्यान से देखिए — यह कितनी देर टिकता है? कुछ समय बाद वही बेचैनी लौट आती है। वही असंतोष। और फिर वही नई खोज शुरू हो जाती है। यह खुशी नहीं है। यह केवल भीतर की असुविधा से अस्थायी राहत है।

जब आध्यात्मिकता भी एक भागने का माध्यम बन जाए

सबसे आश्चर्यजनक बात यह है कि धार्मिक और आध्यात्मिक गतिविधियाँ भी कभी-कभी इस बाहरी दौड़ का हिस्सा बन जाती हैं। लोग सत्संगों में जाते हैं, प्रवचन सुनते हैं, मंत्र जाप करते हैं, अनुष्ठान करते हैं — हमेशा समझ के कारण नहीं, बल्कि आदत, भय या कुछ समय

के लिए अच्छा महसूस करने की इच्छा से।

परमात्मा शिव ने भी इस ओर गहराई से संकेत किया है कि सत्य केवल कर्मकांडों में नहीं, बल्कि अपने मन की प्रत्यक्ष जागरूकता में पाया जाता है। यदि आध्यात्मिकता भी स्वयं से बचने का एक माध्यम बन जाए, तो वह मनोरंजन से अलग नहीं रह जाती — बस उसका स्वरूप थोड़ा अधिक परिष्कृत दिखाई देता है।

वास्तविक समस्या : मन की शर्तबद्ध दिशा

समस्या पार्टियों, शॉपिंग या धार्मिक अभ्यासों में नहीं है। समस्या यह है कि हमने अपने मन को केवल बाहर खुशी खोजने के लिए प्रशिक्षित कर दिया है। बचपन से हमें सिखाया जाता है:

- “जब तुम कुछ हासिल करोगे, तब खुश होगे।”
- “जब तुम्हें वह मिलेगा जो तुम चाहते हो, तब खुश होगे।”
- “जब जीवन परफेक्ट हो जाएगा, तब खुश होगे।”

धीरे-धीरे मन की एक आदत बन जाती है — खुशी कहीं और है... यहाँ नहीं। यह आदत इतनी गहरी हो जाती है कि जब खुशी वास्तव में हमारे भीतर उपस्थित होती है, तब भी हम उसे महसूस नहीं कर पाते।

भूला हुआ स्रोत

यहीं एक गहरा सत्य छिपा है: आपकी मूल खुशी खोई नहीं है। वह केवल महसूस नहीं हो रही। वह ढकी हुई है — वास्तविकता से नहीं, बल्कि इन परतों से:

- निरंतर विचार
- अंतहीन इच्छाएँ
- तुलना
- भय
- मानसिक शोर

कल्पना कीजिए एक झील की। जब उसकी सतह अशांत होती है, तो उसकी गहराई दिखाई नहीं देती। इसका अर्थ यह नहीं कि गहराई समाप्त हो गई है — सिर्फ सतह बेचैन है। उसी प्रकार, आपकी प्राकृतिक अवस्था — शांति, संतोष और मौन आनंद — हमेशा उपस्थित है। लेकिन मन की निरंतर बाहरी दौड़ आपको उसे अनुभव नहीं करने देती।

बाहर की चीज़ें कभी स्थायी संतोष क्यों नहीं देतीं

हर बाहरी चीज़ की तीन सीमाएँ होती हैं:

- वह अस्थायी होती है — हर अनुभव समाप्त हो जाता है।
- वह परिस्थितियों पर निर्भर होती है — लोगों, समय और स्थितियों पर।
- वह पुनरावृत्ति पैदा करती है — एक बार सुख मिला, तो मन उसे फिर चाहता है।

और फिर जीवन का चक्र बन जाता है: **इच्छा → अनुभव → अस्थायी सुख → खालीपन → नई इच्छा**

यह चक्र जीवन को चलाता तो रहता है, लेकिन कभी पूर्ण नहीं करता।

भीतर की ओर मुड़ना : वास्तविक परिवर्तन

परिवर्तन सूक्ष्म है, लेकिन अत्यंत शक्तिशाली। यह जीवन को छोड़ने की बात नहीं है। यह संसार को त्यागने की बात नहीं है। बल्कि यह ध्यान की दिशा बदलने की बात है। इसके बजाय कि आप पूछें: "मुझे खुश होने के लिए क्या चाहिए?" धीरे-धीरे यह देखना शुरू करें: "इस समय मेरे भीतर क्या चल रहा है?" तब आप अनुभव करेंगे:

- विचार आते और चले जाते हैं
- भावनाएँ उठती और शांत हो जाती हैं
- इच्छाएँ जन्म लेती और समाप्त हो जाती हैं

लेकिन आपके भीतर कुछ ऐसा है जो कभी नहीं बदलता — एक शांत जागरूकता, जो इन सबके पीछे सदा उपस्थित रहती है। वह किसी कमी में नहीं है। वही आपकी वास्तविक अवस्था है।

सच्ची खुशी की शुरुआत

सच्ची खुशी उत्तेजना नहीं है। वह रोमांच या भागना नहीं है। वह एक शांत, स्थिर और सहज अनुभव है — जहाँ बिना किसी अतिरिक्त चीज़ के भी भीतर सब ठीक महसूस होता है। जैसे-जैसे बाहर भागने की आदत थोड़ी कमजोर होती है, जीवन की एक नई गुणवत्ता प्रकट होने लगती है:

- आप चीज़ों का आनंद लेते हैं, लेकिन उन पर निर्भर नहीं होते
- आप लोगों से जुड़े रहते हैं, लेकिन स्वयं को खोते नहीं
- आप संसार में कर्म करते हैं, लेकिन भीतर स्थिर रहते हैं

लोग इसलिए दुखी नहीं हैं क्योंकि खुशी बहुत दूर है। वे इसलिए दुखी हैं क्योंकि वे गलत दिशा में खोज रहे हैं। जिस क्षण खोज भीतर की ओर मुड़ती है — भले कुछ सेकंड के लिए ही क्यों न हो — कुछ बदलने लगता है। धीरे से... मौन में... आप महसूस करने लगते हैं:

"*जिसे मैं बाहर खोज रहा था... वह कभी मुझसे दूर था ही नहीं।*"

परिचय

आज की दुनिया में अधिकांश लोग शांति, संतोष और खुशी को बाहरी उपलब्धियों, रिश्तों, वस्तुओं, पहचान या भविष्य की सफलता में खोज रहे हैं। लेकिन इन सबको प्राप्त करने के बाद भी, भीतर कहीं एक शांत खालीपन बना रहता है। यह पुस्तक एक सरल लेकिन गहन अनुभूति से जन्मी है — कि सच्ची खुशी बाहर से प्राप्त की जाने वाली कोई वस्तु नहीं है; वह तो भीतर जागृत होने वाली एक अवस्था है।

"खुशी के 11 रहस्य" विभिन्न जीवन क्षेत्रों से जुड़े लोगों के साथ आयोजित एक परिवर्तनकारी ऑनलाइन सत्र श्रृंखला पर आधारित है। ये सत्र केवल प्रवचन या शिक्षाएँ नहीं थे; वे आत्मचिंतन, उपचार, ईमानदारी और आंतरिक खोज के जीवंत स्थल बन गए। लोग इन सत्रों में तनाव, भ्रम, भावनात्मक बोझ और अनुत्तरित प्रश्न लेकर आए। लेकिन सच्चे आत्म-अवलोकन और व्यावहारिक आंतरिक अभ्यासों के माध्यम से, बहुतों ने अपने भीतर स्पष्टता, शांति, स्वतंत्रता और स्वयं से पुनः जुड़ने का अनुभव किया। यह पुस्तक आपको क्या प्रदान करती है:

1. आंतरिक खुशी की ग्यारह शक्तिशाली चाबियाँ: प्रत्येक अध्याय एक ऐसे मूल सिद्धांत को प्रस्तुत करता है जो आपके सोचने, महसूस करने और जीवन जीने के तरीके को बदल सकता है।

2. सरल लेकिन गहराईपूर्ण व्याख्या: मूल ऑनलाइन सत्रों में साझा की गई समझ को सरल, व्यावहारिक और दैनिक जीवन में लागू की जा सकने वाली भाषा में प्रस्तुत किया गया है।

3. प्रत्येक अध्याय का सार: हर अध्याय के अंत में संक्षिप्त सार दिया गया है, ताकि आप मुख्य बिंदुओं को याद रख सकें और उन्हें जीवन में उतार सकें।

4. वास्तविक प्रतिभागियों के अनुभव: इस यात्रा के दौरान प्रतिभागियों ने अपने वास्तविक अनुभव, संघर्ष, अनुभूतियाँ और परिवर्तन साझा किए। उनकी आवाज़ों को इस पुस्तक में स्थान दिया गया है, ताकि आप देख सकें कि ये सिद्धांत वास्तविक जीवन को कैसे स्पर्श करते हैं।

5. प्रत्येक अध्याय के बाद निर्देशित मेडिटेशन: हर अध्याय के अंत में एक छोटा मेडिटेशन मार्गदर्शन दिया गया है, जो आपको केवल बौद्धिक समझ से आगे बढ़ाकर प्रत्यक्ष आंतरिक अनुभव की ओर ले जाएगा।

6. परिवर्तन की अंतिम झलकियाँ: पुस्तक के अंत में आपको उन प्रतिभागियों के हृदयस्पर्शी अनुभव मिलेंगे, जिनके जीवन में इस यात्रा के माध्यम से सकारात्मक परिवर्तन आया।

इस पुस्तक का उपयोग कैसे करें

इन पृष्ठों को केवल जानकारी इकट्ठा करने की तरह जल्दी-जल्दी न पढ़ें। यह ऐसी पुस्तक नहीं है जिसे केवल समाप्त किया जाए —
यह ऐसी पुस्तक है जिसे जिया जाए। एक समय में केवल एक अध्याय पढ़ें। बीच-बीच में रुकें। ईमानदारी से आत्मचिंतन करें। मेडिटेशन का अभ्यास पूरे मन से करें। अध्याय सार को दोबारा पढ़ें।

प्रतिभागियों के अनुभव आपको यह याद दिलाएँगे कि परिवर्तन केवल विशेष लोगों के लिए नहीं होता — साधारण जीवन जीने वाले सामान्य लोग भी गहरे आंतरिक परिवर्तन का अनुभव कर सकते हैं और सबसे महत्वपूर्ण बात — ध्यान दें कि आपके भीतर क्या बदलना शुरू हो रहा है।

एक कोमल स्मरण

खुशी बाहरी परिस्थितियों को नियंत्रित करने का परिणाम नहीं है। वह तो आंतरिक संतुलन, जागरूकता, स्वीकृति और सत्य की स्वाभाविक सुगंध है। इस पुस्तक में साझा की गई चाबियाँ कहीं दूर छिपी हुई नहीं हैं। वे पहले से ही आपकी चेतना के भीतर मौजूद हैं। यह यात्रा केवल आपको यह याद दिलाने में सहायता करती है कि उन्हें कैसे उपयोग करना है। कामना है कि ये पृष्ठ आपके जीवन में अधिक शांति, गहरी स्पष्टता, हल्कापन और ऐसी खुशी लाएँ जो परिस्थितियों पर निर्भर न हो।

आपका स्वागत है इस यात्रा में।

आपकी खुशियों की ग्यारह चाबियाँ आपका इंतज़ार कर रही हैं।

1

मैं कौन हूँ?

जीवन में लगभग हर व्यक्ति कभी न कभी यह प्रश्न अवश्य पूछता है — मैं वास्तव में कौन हूँ? क्या मैं केवल यह शरीर हूँ? क्या मैं केवल अपना नाम, पहचान, रिश्ते और पेशा हूँ? यदि एक दिन यह सब बदल जाए, तो क्या मैं भी बदल जाऊँगा/जाऊँगी?

बचपन से हम स्वयं को उन्हीं चीज़ों के माध्यम से पहचानना सीखते हैं जो बाहर दिखाई देती हैं। हम अपना परिचय नाम, परिवार, काम, उपलब्धियों और भूमिकाओं से देते हैं। धीरे-धीरे हम अपनी भूमिका को ही अपना वास्तविक स्वरूप मान लेते हैं।

लेकिन जीवन में कुछ क्षण ऐसे आते हैं जब भीतर से एक गहरा प्रश्न उठता है — यदि यह सब अस्थायी है, तो फिर मेरे भीतर वह क्या है जो हमेशा बना रहता है? जब परिस्थितियाँ बदलती हैं, रिश्ते बदलते हैं, विचार बदलते हैं, भावनाएँ बदलती हैं, तब भी मेरे भीतर ऐसा क्या है जो इन सब परिवर्तनों को देख रहा है? यहीं से आत्म-खोज की वास्तविक यात्रा शुरू होती है।

आपकी भूमिका आपका वास्तविक स्वरूप नहीं है

आत्म-समझ की यात्रा में सबसे महत्वपूर्ण बातों में से एक है — भूमिका (Role) और वास्तविक स्वरूप (True Self) के बीच अंतर को समझना।

आपकी भूमिका में शामिल हैं:

- आपका नाम
- आपका शरीर
- आपका पेशा
- आपके रिश्ते
- आपका व्यक्तित्व
- आपके पिछले अनुभव
- आपकी सफलताएँ और असफलताएँ

लेकिन ये आपकी वास्तविक पहचान नहीं हैं। ये केवल वह पात्र हैं जिन्हें आप इस जीवन-नाटक में अभी निभा रहे हैं। आपका वास्तविक स्वरूप वह चेतना है जो इन सबके पीछे उपस्थित है — एक मौन साक्षी, जो सब कुछ अनुभव करता है, लेकिन किसी भी चीज़ तक सीमित नहीं है। जब हम इस अंतर को भूल जाते हैं, तब हम स्वयं के बारे में यह मानने लगते हैं:

- "मैं क्रोधित हूँ।"
- "मैं कमजोर हूँ।"
- "मैं पर्याप्त अच्छा नहीं हूँ।"

- “मैं असफल हूँ।”

लेकिन मेडिटेशन और राजयोग ज्ञान धीरे-धीरे एक गहरे सत्य को प्रकट करते हैं: क्रोध मन में उत्पन्न हो सकता है। भय भूमिका में आ सकता है। कर्मों में गलतियाँ हो सकती हैं। लेकिन इन सबके पीछे जो देखने वाला है, वह शुद्ध जागरूकता बना रहता है।

आत्मा, मन और शरीर का अंतर

इस समझ को गहराई से जानने के लिए हमें आत्मा, मन और शरीर के अंतर को स्पष्ट रूप से समझना होगा। दैनिक जीवन में हम चार मुख्य तत्वों का अनुभव करते हैं:

- आत्मा
- मन
- शरीर
- बाहरी संसार — लोग और परिस्थितियाँ

आत्मा शुद्ध चेतना है। लेकिन आत्मा स्वयं को मन और शरीर के माध्यम से व्यक्त करती है। मन में विचार, भावनाएँ, स्मृतियाँ और मान्यताएँ होती हैं। फिर शरीर उन विचारों और भावनाओं के आधार पर कर्म करता है। इस प्रकार, क्रियाएँ और प्रतिक्रियाएँ मन और शरीर के माध्यम से घटित होती हैं। लेकिन इन दोनों के पीछे एक और गहरी उपस्थिति होती है —आत्मा, जो एक मौन साक्षी है।

आत्मा : एक साक्षी के रूप में

आत्मा वास्तव में कर्म नहीं करती। वह केवल मन और शरीर की गतिविधियों को देखती है। उदाहरण के लिए, जब क्रोध उत्पन्न होता है, तो वह मन में उत्पन्न होता है। शरीर फिर शब्दों या भाव-भंगिमाओं के माध्यम से प्रतिक्रिया देता है।

लेकिन हमारे भीतर कुछ ऐसा भी है जो इस पूरी प्रक्रिया को देख रहा होता है। वही मौन देखने वाला — आत्मा है। विचार, भावनाएँ और कर्म निरंतर बदलते रहते हैं, लेकिन आत्मा स्थिर रहती है। जिस प्रकार समुद्र की सतह पर लहरें उठती रहती हैं, लेकिन उसकी गहराई शांत रहती है, उसी प्रकार मन की हलचलों के नीचे आत्मा सदैव शांत रहती है।

आंतरिक स्थिरता का अभ्यास

बहुत से लोग सोचते हैं कि मेडिटेशन का अर्थ है सभी कार्यों को रोककर मौन बैठ जाना। लेकिन वास्तविक स्थिरता का अर्थ जीवन से दूर भागना नहीं है। जीवन चलता रहता है। शरीर चलता है, बोलता है और कार्य करता है। मन सोचता है और प्रतिक्रिया देता है।

परिस्थितियाँ बदलती रहती हैं।

लेकिन इस सारी गतिविधि के बीच एक मौन जागरूकता सदैव उपस्थित रहती है। मेडिटेशन का अर्थ है — **जीवन के चलते रहने के बीच भी उस मौन उपस्थिति के प्रति जागरूक बने रहना।** आप किसी से बात कर रहे हों, ऑफिस में काम कर रहे हों, या सड़क पर चल रहे हों — फिर भी भीतर एक शांत जागरूकता सब कुछ देख रही होती है। वही जागरूकता — आत्मा है।

2

ख़ुशी कहाँ क़ैद है?

हममें से अधिकांश लोग जीवनभर खुशी को बाहरी चीज़ों में खोजते रहते हैं — सफलता में, रिश्तों में, प्रशंसा में, धन में या परिस्थितियों के बदलने में। कुछ समय के लिए ये चीज़ें सुख दे सकती हैं, लेकिन स्थायी शांति नहीं दे पातीं। क्योंकि वास्तविक खुशी बाहर नहीं, हमारे भीतर की अवस्था में छिपी होती है।

जब मन भय, क्रोध, तुलना, अपराधबोध और चिंता जैसी भावनाओं से भर जाता है, तब भीतर की शांति ढक जाती है। ऐसा लगता है मानो खुशी कहीं खो गई हो। लेकिन सच यह है कि खुशी खोती नहीं, केवल मन के भारी बादलों के पीछे छिप जाती है।

आध्यात्मिक जागरूकता हमें यह समझने में मदद करती है कि हमारा वास्तविक स्वरूप शांति, प्रेम और आनंद है। दुःख तब पैदा होता है जब हम अस्थायी भावनाओं और भूमिकाओं को ही अपनी पहचान मान लेते हैं। जैसे ही हम अपने भीतर के साक्षी को पहचानना शुरू करते हैं, वैसे ही धीरे-धीरे मन का बोझ हल्का होने लगता है और भीतर की स्वाभाविक खुशी फिर से प्रकट होने लगती है।

वे निम्न भावनाएँ जो हमारी ऊर्जा को कम कर देती हैं

जब हम अपने मन को ध्यान से देखना शुरू करते हैं, तब हमें कुछ ऐसी भावनात्मक अवस्थाएँ दिखाई देती हैं जो बार-बार हमारी शांति को भंग करती हैं। इन्हें निम्न भावनात्मक अवस्थाएँ कहा जा सकता है, क्योंकि ये हमारी चेतना को सीमित कर देती हैं और हमारी ऊर्जा को कम कर देती हैं। जैसे:

- भय
- अपराधबोध
- शर्म
- क्रोध
- ईर्ष्या
- तुलना
- लालच
- अहंकार
- चिंता
- दुःख

ये भावनाएँ इस बात का संकेत नहीं हैं कि हमारे भीतर कुछ गलत है। ये केवल पुराने संस्कारों और सोच की आदतों से बने हुए मानसिक पैटर्न हैं। समस्या तब शुरू होती है जब हम इन भावनाओं को ही अपनी पहचान मान लेते हैं।

ध्यान हमें एक अलग दृष्टिकोण सिखाता है। यह नहीं कि हम इन भावनाओं को दबाएँ या इनके लिए स्वयं को दोष दें, बल्कि केवल इन्हें देखें। केवल जागरूक होकर देखना ही धीरे-धीरे इनके प्रभाव को कम करने लगता है।

उच्च भावनात्मक अवस्थाएँ

जब मन शांत होने लगता है और भीतर का विरोध समाप्त होने लगता है, तब स्वाभाविक रूप से कुछ उच्च भावनात्मक अवस्थाएँ प्रकट होती हैं। जैसे:

- स्वीकृति
- क्षमा
- करुणा
- कृतज्ञता
- शांति
- प्रेम
- आंतरिक स्वतंत्रता

ये अवस्थाएँ हमारी ऊर्जा को समाप्त नहीं करतीं, **बल्कि उसे विस्तार देती हैं**। जब हम किसी को क्षमा करते हैं, तो भीतर हल्कापन महसूस होता है। जब हम किसी परिस्थिति को स्वीकार करते हैं, तो संघर्ष समाप्त हो जाता है। जब हम कृतज्ञता व्यक्त करते हैं, तो हृदय खुलने लगता है। ये उच्च अवस्थाएँ हमें हमारे वास्तविक स्वरूप से पुनः जोड़ती हैं।

एक सरल जागरूकता अभ्यास

अगले 24 घंटों तक एक छोटा-सा अभ्यास करें। दिनभर अपने भीतर चल रही भावनाओं को देखें। जब भी कोई भारी भावना उठे, एक क्षण रुककर स्वयं से पूछें: “क्या यह मेरा वास्तविक स्वरूप है, या केवल भूमिका में उठने वाली एक अस्थायी अवस्था?”

उस भावना से लड़ने की कोशिश न करें। केवल उसे देखें और गुजरने दें। फिर धीरे से स्वयं को याद दिलाएँ: “मैं इस अनुभव का साक्षी हूँ। मेरा वास्तविक स्वरूप शांति है।” यह छोटा-सा परिवर्तन आपके और आपकी भावनाओं के बीच एक दूरी बना देता है।
धीरे-धीरे यही दूरी आंतरिक स्वतंत्रता का द्वार बन जाती है।

आंतरिक यात्रा की शुरुआत

आध्यात्मिक परिवर्तन एक ही रात में नहीं होता। यह जागरूकता और धैर्य के साथ धीरे-धीरे प्रकट होता है। पहला कदम पूर्णता नहीं है। पहला कदम है — **स्वयं को स्वीकार करना**। जब हम स्वयं को अस्वीकार करना बंद कर देते हैं और करुणा के साथ स्वयं को देखने लगते हैं, तब हमारा भीतर धीरे-धीरे स्वस्थ होने लगता है।

सारांश

- *जीवन की सबसे बड़ी खोज बाहरी दुनिया नहीं, बल्कि अपने भीतर की सच्चाई है।*
- *आप वह भूमिका नहीं हैं जो आप निभा रहे हैं; आप वह चेतना हैं जो उसे देख रही है।*
- *आप अपने भय, अपराधबोध या अतीत की कहानी नहीं हैं।*
- *जैसे ही आप अपने वास्तविक स्वरूप को याद करते हैं, भय कम होने लगता है।*
- *शरीर कर्म करता है, मन प्रतिक्रिया देता है, लेकिन आत्मा केवल साक्षी रहती है।*
- *जब पहचान अपने वास्तविक स्वरूप में लौटती है, तब शांति स्वाभाविक हो जाती है।*
- *सबसे अधिक दुःख तब होता है जब हम अस्थायी भूमिका को ही अपना शाश्वत स्वरूप मान लेते हैं।*
- *हर विचार, भावना और कहानी के पीछे एक मौन चेतना मौजूद है।*
- *संसार निरंतर बदलता रहता है, लेकिन वास्तविक आत्मा अछूती रहती है।*
- *वास्तविक शक्ति उसी क्षण शुरू होती है जब आप लेबल्स के रूप में नहीं, बल्कि जागरूकता के रूप में जीना शुरू करते हैं।*
- *स्वयं को जानना हर खुशी की पहली कुंजी है।*

ध्यान मार्गदर्शन

अपने वास्तविक स्वरूप का अनुभव

अपना ध्यान भीतर की ओर ले जाएँ। बाहरी दुनिया से थोड़ा दूर हटें... और अपने भीतर की उस शांत जगह में लौट आएँ। आज मैं याद करता हूँ कि मैं वास्तव में कौन हूँ। न कोई भूमिका... न कोई लेबल... न कोई कहानी... बल्कि वह जो इन सबका साक्षी है। अपने शरीर को महसूस करें जो यहाँ बैठा है। शरीर स्थिर है। शरीर दिखाई देता है। शरीर को देखा जा सकता है। अब मन में चल रहे विचारों को देखें। विचार आते हैं... विचार चले जाते हैं... भावनाएँ उठती हैं... भावनाएँ शांत हो जाती हैं... और फिर भी... कुछ है जो इन सबको देख रहा है। **वही जागरूकता मैं** हूँ। मैं साक्षी हूँ। मैं विचारों के पीछे की उपस्थिति हूँ। मैं वह मौन चेतना हूँ जो जीवन के इस पूरे खेल को देख रही है। अब धीरे-धीरे भीतर दोहराएँ: मैं शरीर नहीं हूँ। मैं बदलते हुए मन नहीं हूँ। मैं हर गुजरती भावना नहीं हूँ। मैं जागरूकता का प्रकाश हूँ। अपने आपको एक शांत प्रकाश-बिंदु के रूप में महसूस करें... स्थिर... स्पष्ट... मौन...शुद्ध। शरीर बूढ़ा हो सकता है... परिस्थितियाँ बदल सकती हैं... लोग आ सकते हैं और जा सकते हैं... भूमिकाएँ शुरू हो सकती हैं और समाप्त हो सकती हैं... लेकिन मैं — मेरा वास्तविक स्वरूप — अछूता रहता है। मन ही मन दोहराएँ: मैं शांति हूँ। मैं उपस्थिति हूँ। मैं शुद्ध चेतना हूँ। मैं भय से परे हूँ। मैं लेबल्स से परे हूँ। मैं अतीत से परे हूँ। अब कल्पना करें कि सभी लेबल्स धीरे-धीरे गिर रहे हैं... नाम... समाप्त। स्थिति... समाप्त। सफलता... समाप्त। असफलता... समाप्त। दूसरों की राय... समाप्त। अब क्या बचता है? शुद्ध अस्तित्व। शुद्ध होना। शुद्ध चेतना। अब इस सत्य को अपने हृदय में महसूस करें: मैं जीवन में अनेक भूमिकाएँ निभाता हूँ... लेकिन मैं हर भूमिका से बड़ा हूँ। मैं माता-पिता हो सकता हूँ... साथी हो सकता हूँ... कर्मचारी हो सकता हूँ... मित्र हो सकता हूँ... लेकिन हर भूमिका से पहले... मैं आत्मा हूँ। मैं स्वयं चेतना हूँ। यही स्मरण मुझे मुक्त करता है। यही स्मरण मुझे भीतर से ठीक करता है। यही स्मरण मुझे शक्ति देता है। अब धीरे-धीरे दोहराएँ: मैं अपने वास्तविक स्वरूप में लौट रहा हूँ। मैं संसार में कर्म करता हूँ लेकिन भीतर से स्वतंत्र रहता हूँ। मैं हर भूमिका में शांति को साथ लेकर चलता हूँ। मन में हल्कापन महसूस करें। हृदय में स्थिरता महसूस करें। अपने अस्तित्व में गरिमा महसूस करें। आज इस सत्य को अपने साथ लेकर चलें: मैं केवल जीवन की कहानी का पात्र नहीं हूँ... मैं वह जागरूकता हूँ जो इस पूरी कहानी को घटित होते हुए देख रही है।

3

पहला रहस्य : कृतज्ञता का अभ्यास

जीवन में हम अक्सर खुशी, शांति और संतोष को बाहरी उपलब्धियों में खोजते हैं। हमें लगता है कि जब परिस्थितियाँ बदल जाएँगी, लोग हमें समझने लगेंगे, या जीवन हमारी इच्छा के अनुसार चलने लगेगा, तभी हम भीतर से संतुष्ट होंगे। लेकिन धीरे-धीरे हम अनुभव करते हैं कि बाहरी उपलब्धियाँ कुछ समय के लिए सुख दे सकती हैं, पर स्थायी शांति नहीं।

ध्यान और आत्म-जागरूकता की यात्रा हमें एक गहरी सच्चाई की ओर ले जाती है — वास्तविक परिवर्तन बाहर नहीं, भीतर होता है। और इस आंतरिक परिवर्तन का पहला कदम है कृतज्ञता।

कृतज्ञता केवल "धन्यवाद" कहना नहीं है। यह जीवन को देखने का एक नया दृष्टिकोण है। यह हमें शिकायत से स्वीकृति की ओर, और भारीपन से हल्केपन की ओर ले जाती है। जब हम अपने जीवन, अपनी यात्रा और यहाँ तक कि अपने संघर्षों को भी समझना शुरू करते हैं, तब हमारे भीतर एक नई शांति जन्म लेने लगती है।

बहुत बार हम अपने अतीत, अपनी गलतियों या परिस्थितियों से लड़ते रहते हैं। हम स्वयं को दोष देते हैं, तुलना करते हैं और सोचते हैं कि जीवन अलग होना चाहिए था। लेकिन ध्यान हमें सिखाता है कि हर अनुभव किसी न किसी रूप में हमारे जागरण का हिस्सा रहा है। हर चुनौती ने हमें कुछ सिखाया है। हर पीड़ा ने हमें भीतर देखने के लिए प्रेरित किया है।

इसलिए आत्म-परिवर्तन की यात्रा का पहला द्वार है — **अपने जीवन और अपनी भूमिका को कृतज्ञता के साथ स्वीकार करना।**

कृतज्ञता : आंतरिक परिवर्तन की पहली सीढ़ी

जब हम ध्यान और आत्म-बोध की यात्रा शुरू करते हैं, तब सबसे पहला और सबसे गहरा परिवर्तन बाहर नहीं, बल्कि हमारे भीतर होता है। यह यात्रा किसी कठिन तकनीक या लंबे समय तक मौन बैठने से शुरू नहीं होती। इसकी शुरुआत होती है एक सरल लेकिन अत्यंत गहरी भावना से — **कृतज्ञता।**

बहुत से लोग ध्यान की ओर अलग-अलग कारणों से आते हैं। कुछ मन की शांति चाहते हैं। कुछ बेहतर स्वास्थ्य चाहते हैं। कुछ स्पष्टता, आत्मविश्वास या भावनात्मक उपचार की खोज में होते हैं। लेकिन जो लोग इस मार्ग पर लंबे समय तक बने रहते हैं, वे अंततः समझते हैं कि ध्यान का वास्तविक उद्देश्य है — आत्म-साक्षात्कार, अर्थात यह जानना कि हम वास्तव में कौन हैं, शरीर, विचारों और जीवन की भूमिकाओं से परे।

इस अध्याय में हम इस यात्रा की नींव को समझेंगे — **जीवन में अपनी भूमिका को कृतज्ञता के साथ स्वीकार करना और उसका सम्मान करना।**

हमारी भूमिका को समझना

यह संसार एक विशाल मंच है, जहाँ अरबों लोग अपनी-अपनी भूमिकाएँ निभा रहे हैं। हर व्यक्ति का चरित्र अलग है। परिस्थितियाँ अलग हैं। शक्तियाँ और कमजोरियाँ अलग हैं। कोई भी दो भूमिकाएँ एक जैसी नहीं हैं। कुछ भूमिकाएँ सफल दिखाई देती हैं। कुछ कठिन। कुछ शांत। कुछ संघर्षों से भरी हुई।

लेकिन ये सभी उसी एक जीवन-कथा का हिस्सा हैं जो निरंतर आगे बढ़ रही है। *हमारे अधिकांश दुःख की शुरुआत तब होती है जब हम अपनी भूमिका का विरोध करने लगते हैं।* हम उसे प्रश्नों में बाँधते हैं, दूसरों से तुलना करते हैं, उसकी आलोचना करते हैं या उसके लिए स्वयं को **दोषी महसूस** करते हैं। हम कहते हैं:

- "मुझसे ऐसा नहीं होना चाहिए था।"
- "मेरे साथ ही ऐसा क्यों हुआ?"
- "काश मेरी जिंदगी अलग होती।"
- "दूसरों की जिंदगी मुझसे बेहतर है।"

यह निरंतर विरोध भीतर भारीपन पैदा करता है। खुशी तब शुरू होती है जब हम अपनी भूमिका से **लड़ना बंद करते हैं** और उसे समझना शुरू करते हैं।

स्वयं को दोष देने का बोझ

बहुत-से आध्यात्मिक साधक एक अदृश्य बोझ उठाए रहते हैं — **स्वयं को दोष देने का बोझ।** वे अपने पुराने कर्मों के लिए अपराधबोध महसूस करते हैं। वे अपनी कमजोरियों पर शर्म महसूस करते हैं।वे अपने शब्दों और निर्णयों पर पछताते हैं। विडंबना यह है कि यह बोझ अक्सर आध्यात्मिक लोगों में और भी अधिक हो जाता है। क्योंकि जब हम उच्च आदर्शों — जैसे पवित्रता, धैर्य, प्रेम और शांति — के बारे में सीखते हैं, तब जब भी हम उनसे पीछे रह जाते हैं, हम स्वयं को कठोरता से जज करने लगते हैं।

लेकिन यही दृष्टिकोण आध्यात्मिक विकास को रोक देता है। क्यों? क्योंकि अपराधबोध हृदय को बंद कर देता है, जबकि कृतज्ञता उसे खोल देती है। जब हम लगातार स्वयं की आलोचना करते रहते हैं, तब हमारी ऊर्जा सिकुड़ने लगती है। मन भारी हो जाता है। विचार कमजोर होने लगते हैं। लेकिन जब हम अपनी यात्रा को कृतज्ञता के साथ स्वीकार करते हैं, तब हमारे भीतर कुछ शांत होने लगता है।

अपनी भूमिका के प्रति कृतज्ञता का अभ्यास

कृतज्ञता का अर्थ यह नहीं कि हम यह दिखावा करें कि सब कुछ पूर्ण है। इसका अर्थ है यह समझना कि हमारे जीवन का हर अनुभव हमें कुछ सिखाने आया है। यहाँ तक कि हमारी कमजोरियों ने भी हमें जागने में सहायता की है। यदि संघर्ष न होते, तो शायद हम कभी जीवन के गहरे अर्थ की खोज ही न करते। यदि भावनात्मक पीड़ा न होती, तो शायद हम कभी यह प्रश्न न पूछते कि "मैं वास्तव में कौन हूँ?" इस अर्थ में, हमारी कठिनाइयों ने भी हमारी सहायता की है। इसलिए ध्यान का पहला अभ्यास बहुत सरल है:

अपनी भूमिका को धन्यवाद दीजिए।

- उन अनुभवों को धन्यवाद दीजिए जिन्होंने आपको आकार दिया।
- उन चुनौतियों को धन्यवाद दीजिए जिन्होंने आपको मजबूत बनाया।
- उन गलतियों को धन्यवाद दीजिए जिन्होंने आपको बुद्धिमान बनाया।
- और सबसे महत्वपूर्ण — उस आंतरिक पुकार को धन्यवाद दीजिए जिसने आपको आत्म-जागरूकता की ओर बढ़ाया।

कृतज्ञता वह कुंजी बन जाती है जो हृदय को खोल देती है। और जब हृदय खुल जाता है, तब गहरी आत्म-चेतना की यात्रा स्वाभाविक रूप से शुरू हो जाती है।

दैनिक अभ्यास

आज रात सोने से पहले कुछ मिनट निकालिए और लिखिए:

1. आपके जीवन की एक ऐसी चुनौती जिसने आपको कुछ मूल्यवान सिखाया
2. आपकी एक ऐसी कमजोरी जिसे आप स्वीकार करना सीख रहे हैं
3. आज अपने बारे में एक ऐसी बात जिसके लिए आप कृतज्ञ महसूस करते हैं

यह छोटा-सा अभ्यास कृतज्ञता की भावना को मजबूत करता है और मन को गहरे ध्यान के लिए तैयार करता है।

सारांश

- *कृतज्ञता वह पहला द्वार है जो आंतरिक शांति की राह खोलता है।*
- *जब आप अपनी यात्रा से लड़ना बंद करते हैं, तभी भीतर उपचार शुरू होता है।*
- *आपकी भूमिका अपूर्ण हो सकती है, लेकिन आपका वास्तविक स्वरूप सदैव शुद्ध रहता है।*
- *शिकायत जब कृतज्ञता में बदलती है, तब हृदय हल्का हो जाता है।*
- *हर चुनौती अपने साथ एक सीख लेकर आई थी।*
- *स्वीकृति वह स्थान है जहाँ दुःख समाप्त होता है और स्वतंत्रता शुरू होती है।*
- *जिसने कभी आपको चोट पहुँचाई, वही एक दिन आपको जगा भी सकता है।*
- *आत्मा सबसे अधिक तब विकसित होती है जब वह जीवन के हर मौसम के लिए धन्यवाद देना सीख जाती है।*

यात्रा से कुछ अनुभव

एक साधक ने कहा:

> *"“पूरे सप्ताह कृतज्ञता का अभ्यास करने के बाद मैं पंखों से भी हल्का महसूस कर रहा हूँ।”"*

एक अन्य व्यक्ति ने साझा किया:

> *"“कई वर्षों तक मैं शांति से सो नहीं पाता था। अब मैं एक छोटे बच्चे की तरह गहरी नींद सोता हूँ।”"*

किसी ने कहा:

> *"“मैंने वर्षों तक ‘शांत रहो’ सुना था, लेकिन अब मैं समझ पाया हूँ कि वास्तव में शांत कैसे बना जाए।”"*

ध्यान मार्गदर्शन 1

कृतज्ञता का अभ्यास

अपना ध्यान भीतर की ओर ले जाएँ... दुनिया के शोर से थोड़ा दूर हो जाएँ... भूमिकाओं से दूर... जिम्मेदारियों से दूर... विचारों की निरंतर दौड़ से दूर... और अब धीरे-धीरे याद करना शुरू करें... मैं यह भूमिका नहीं हूँ... मैं केवल यह शरीर नहीं हूँ... मैं वे लेबल्स नहीं हूँ जिन्हें मैं अपने साथ लेकर चलता हूँ... मैं अतीत की कहानी नहीं हूँ... मैं वह मौन जागरूकता हूँ जो इन सबके पीछे मौजूद है... एक शांत अस्तित्व... एक चेतन प्रकाश... एक स्थिर उपस्थिति... अब अपने जीवन को भीतर से देखिए... हर चुनौती... हर पीड़ा... हर गलती... हर प्रतीक्षा... हर अनुत्तरित प्रश्न... अब उनसे लड़ना छोड़ दीजिए... आज उन्हें समझने का चयन कीजिए... हर अनुभव ने मुझे आकार दिया है... हर क्षण ने मुझे कुछ सिखाया है... हर कठिनाई ने मुझे और मजबूत बनाया है... आज... मैं शिकायत को छोड़ता हूँ... आज... मैं पछतावे को छोड़ता हूँ... आज... मैं स्वयं को दोष देना छोड़ता हूँ... और उनकी जगह... मैं कृतज्ञता का स्वागत करता हूँ... सीखों के लिए कृतज्ञता... विकास के लिए कृतज्ञता... हर संघर्ष में छिपी शक्ति के लिए कृतज्ञता... मैं अपनी यात्रा को धन्यवाद देता हूँ... मैं अपने जीवन को धन्यवाद देता हूँ... मैं उस अदृश्य कृपा को धन्यवाद देता हूँ जिसने मुझे तब भी मार्ग दिखाया, जब मैं समझ नहीं पा रहा था... यदि इस भूमिका में कुछ कमजोरियाँ हैं... तो मैं उन्हें कोमलता से स्वीकार करता हूँ... यदि हृदय में कुछ घाव हैं... तो मैं उन्हें करुणा से अपने भीतर स्थान देता हूँ... यदि कुछ यादें अब भी भारी हैं... तो मैं उन्हें अब समर्पित करता हूँ... मुझे उन्हें हमेशा उठाकर रखने की आवश्यकता नहीं है... मैं सीख रहा हूँ... मैं विकसित हो रहा हूँ... मैं जाग रहा हूँ... मेरा वास्तविक स्वरूप भय नहीं है... मेरा वास्तविक स्वरूप अपराधबोध नहीं है... मेरा वास्तविक स्वरूप भारीपन नहीं है... मेरा वास्तविक स्वरूप शांति है... मेरा वास्तविक स्वरूप प्रेम है... मेरा वास्तविक स्वरूप प्रकाश है... अब मैं इस सत्य में विश्राम करता हूँ... एक कोमल प्रकाश (समझ) मेरे मन को भर रहा है... एक शांत समझ मेरे हृदय को भर रही है... मैं स्वयं को हल्का महसूस कर रहा हूँ... स्वतंत्र... पूर्ण... अब मन ही मन धीरे-धीरे दोहराएँ: मैं उस व्यक्ति के लिए कृतज्ञ हूँ जो मैं बन रहा हूँ... मैं इस क्षण के लिए कृतज्ञ हूँ... मैं अपनी आंतरिक यात्रा के लिए कृतज्ञ हूँ... मैं शांति हूँ... मैं प्रकाश हूँ... मैं पूर्ण हूँ... कुछ क्षण इसी मौन में ठहरें... और इस कृतज्ञता को अपने पूरे दिन के साथ लेकर चलें।

4

दूसरा रहस्य : संसार एक दर्पण है – शत्रु नहीं

पहली कुंजी हमें कृतज्ञता और स्वीकृति सिखाती है। वह हमें स्वयं के प्रति शिकायत, अपराधबोध और विरोध से मुक्त करना शुरू करती है। लेकिन आंतरिक यात्रा वहीं समाप्त नहीं होती। जब हम अपने जीवन और अपनी भूमिका को जागरूकता के साथ देखना शुरू करते हैं, तब अगला गहरा सत्य सामने आता है।

एक समय ऐसा आता है जब साधक के भीतर एक बड़ा परिवर्तन शुरू होता है। उससे पहले जीवन एक निरंतर संघर्ष जैसा लगता है — समस्याओं को सुलझाने का संघर्ष, लोगों को बदलने का संघर्ष, परिस्थितियों को नियंत्रित करने का संघर्ष। हम वर्षों तक बाहर की दुनिया को ठीक करने में लगे रहते हैं। हम दूसरों को बदलना चाहते हैं। परिस्थितियों को अपने अनुसार करना चाहते हैं। असुविधाओं को समाप्त करना चाहते हैं। लेकिन इतने प्रयासों के बाद भी भीतर कुछ अधूरा रह जाता है। क्योंकि वास्तविक समस्या कभी बाहर थी ही नहीं। वह हमेशा भीतर थी।

परिवर्तन का क्षण

खुशी की दूसरी कुंजी एक गहरे बोध से शुरू होती है:

> "*"आपके जीवन में कुछ भी आपके विरुद्ध नहीं हो रहा। सब कुछ आपके लिए हो रहा है — ताकि आप स्वयं को पहचान सकें।"*"

- यह समझ सब कुछ बदल देती है।
- यह दोषारोपण को समाप्त कर देती है।
- यह विरोध को घोल देती है।
- यह जागरूकता को जन्म देती है
- और सबसे महत्वपूर्ण — यह आपकी शक्ति आपको वापस लौटा देती है।

बाहरी संसार का भ्रम

बचपन से हमें यह सिखाया जाता है कि हमारी खुशी बाहरी परिस्थितियों पर निर्भर है।

- यदि लोग अच्छा व्यवहार करें, तो हम अच्छा महसूस करते हैं।
- यदि परिस्थितियाँ हमारी इच्छा के अनुसार हों, तो हम शांत रहते हैं।
- यदि चीज़ें उम्मीद के अनुसार न हों, तो हम परेशान हो जाते हैं।

धीरे-धीरे हम अपनी भावनात्मक स्थिति को बाहरी दुनिया के हाथों में सौंप देते हैं। लेकिन यही भ्रम है।

> *"बाहरी संसार आपकी आंतरिक स्थिति का कारण नहीं है। वह केवल उसका प्रतिबिंब है।"*

जीवन एक दर्पण की तरह

कल्पना कीजिए कि आप एक दर्पण के सामने खड़े हैं। यदि चेहरे पर धूल है, तो दर्पण उसे दिखाता है। यदि आप मुस्कुराते हैं, तो दर्पण भी मुस्कुराहट दिखाता है। अब सोचिए कि कोई व्यक्ति दर्पण पर ही क्रोधित हो जाए क्योंकि उसने धूल दिखा दी। यह कितना अजीब लगेगा। लेकिन जीवन में हम यही करते हैं। हम उन लोगों को दोष देते हैं जो हमारे भीतर छिपे पैटर्न को सामने लाते हैं। हम उन परिस्थितियों का विरोध करते हैं जो हमारी आंतरिक कमजोरियों को उजागर कर देती हैं।

दर्पण सिद्धांत को समझना

1. जब कोई आपकी आलोचना करता है: आपको चोट लगती है, क्रोध आता है, रक्षात्मक भावना पैदा होती है। उस व्यक्ति को दोष देने के बजाय स्वयं से पूछिए: "यह मेरे भीतर क्या दिखा रहा है?" शायद आपको पता चले:

- दूसरों से मान्यता पाने की आवश्यकता
- अस्वीकृति का भय
- स्वयं को स्वीकार न कर पाना

समस्या आलोचना नहीं है। वह केवल भीतर की असुरक्षा को दिखा रही है।

2. जब आपको लगता है कि लोग आपका उपयोग करते हैं: आपको लगता है कि लोग आपकी अच्छाई का फायदा उठाते हैं। आप स्वयं को पीड़ित महसूस करते हैं। थोड़ा गहराई से देखिए। शायद वहाँ छिपा हो:

- सीमाएँ तय न कर पाना
- सबको खुश रखने की इच्छा
- आत्म-सम्मान की कमी

स्थिति आपका शोषण नहीं कर रही। वह दिखा रही है कि आप स्वयं का सम्मान कहाँ नहीं कर रहे।

3. जब आपको ईर्ष्या होती है: कोई सफल होता है और आपके भीतर बेचैनी पैदा होती है। यह भी एक शक्तिशाली दर्पण है। यह दिखाता है:

- तुलना
- कमी की मानसिकता
- स्वयं के मूल्य को न पहचानना

ईर्ष्या कोई दोष नहीं है। वह एक संदेश है — कि आपका ध्यान भीतर नहीं, बाहर है।

4. जब आपको अपमान महसूस होता है: कोई व्यक्ति आपसे ऐसे बात करता है जो आपको पसंद नहीं आती। आपको अपमानित महसूस होता है। रुकिए और पूछिए: "क्या मैं वास्तव में स्वयं का सम्मान करता हूँ?" अक्सर बाहरी अनादर, भीतर के असंबंध का प्रतिबिंब होता है।

5. जब आप बार-बार निराश होते हैं: लोग आपकी उम्मीदों के अनुसार व्यवहार नहीं करते। परिस्थितियाँ आपकी इच्छा के अनुसार नहीं चलतीं। यह क्या दिखाता है?

- परिणामों से आसक्ति
- नियंत्रण की इच्छा
- कठोर अपेक्षाएँ

जीवन आपको असफल नहीं कर रहा। वह आपको अनासक्ति सिखा रहा है।

वास्तविक परिवर्तन : दोष से जागरूकता की ओर

अधिकांश लोग पूरी जिंदगी दोषारोपण में बिताते हैं:

- "उन्होंने मुझे दुख दिया।"
- "यह परिस्थिति गलत है।"
- "लोग ही समस्या हैं।"

लेकिन दूसरी कुंजी हमें एक नया दृष्टिकोण देती है:

- दोष से जागरूकता की ओर बढ़ो।
- बाहर प्रतिक्रिया देने के बजाय भीतर देखना शुरू करो।

अवलोकन की शक्ति

अवलोकन परिवर्तन की शुरुआत है। जब आप बिना जजमेंट के स्वयं को देखते हैं:

- पैटर्न स्पष्ट होने लगते हैं
- भावनाएँ अपनी तीव्रता खोने लगती हैं
- जागरूकता बढ़ने लगती है

तब आप समझने लगते हैं: "यह मैं नहीं हूँ। यह केवल एक पैटर्न है।" और उसी क्षण अलगाव शुरू हो जाता है। आप पैटर्न नहीं हैं, यह समझना बहुत आवश्यक है।

- आप अपना क्रोध नहीं हैं।
- आप अपना भय नहीं हैं।
- आप अपनी ईर्ष्या नहीं हैं।

ये केवल भूमिका में होने वाले अनुभव हैं। आपका वास्तविक स्वरूप इन सबसे परे है। आप शुद्ध जागरूकता हैं।

संघर्ष किए बिना उपचार

अधिकांश लोग अपनी कमजोरियों से लड़कर स्वयं को बदलना चाहते हैं।

- "मुझे ऐसा महसूस नहीं करना चाहिए।"
- "यह गलत है।"
- "मुझे खुद को ठीक करना है।"

लेकिन विरोध पैटर्न को और मजबूत कर देता है। जागरूकता उन्हें घोल देती है। प्रक्रिया बहुत सरल है:

- प्रतिक्रिया को देखो
- बिना जजमेंट के उसे स्वीकार करो
- उसके पीछे छिपे संदेश को समझो
- अपने वास्तविक स्वरूप को याद करो

बस इतना ही। न दबाव। न अपराधबोध। न जबरदस्ती। केवल जागरूकता।

वही पैटर्न बार-बार क्यों आते हैं?

क्या आपने ध्यान दिया है कि कुछ परिस्थितियाँ बार-बार जीवन में लौटती हैं?

- वही प्रकार के लोग...
- वही भावनात्मक प्रतिक्रियाएँ...
- वही संघर्ष...

यह संयोग नहीं है। दर्पण तब तक लौटता रहता है जब तक सीख पूरी तरह समझ में न आ जाए। और जैसे ही सीख पूरी होती है, पैटर्न समाप्त होने लगता है।

बाहरी नियंत्रण से मुक्ति

जब आप दोष देना बंद कर देते हैं, तब एक गहरी स्वतंत्रता जन्म लेती है।

- लोग आपको आहत करने की शक्ति खो देते हैं।
- परिस्थितियाँ आपको हिलाने की शक्ति खो देती हैं।
- जीवन हल्का लगने लगता है।

क्योंकि अब आपका ध्यान बाहर नहीं, भीतर है।

उच्च जागरूकता के साथ जीना

इस कुंजी का अर्थ जीवन से भागना नहीं है। इसका अर्थ है — अधिक जागरूक होकर जीना।

- आप अभी भी कर्म करते हैं।
- आप अभी भी लोगों से जुड़ते हैं।
- आप अभी भी प्रतिक्रिया देते हैं।

लेकिन अब:

- आप प्रतिक्रियाशील नहीं हैं
- आप आसक्त नहीं हैं

- आप भीतर से विचलित नहीं हैं
- अब आप केवल जागरूक हैं।

दैनिक अभ्यास

आज से एक छोटा अभ्यास शुरू करें: जब भी कोई परिस्थिति आपको परेशान करे, रुकें और स्वयं से पूछें: "यह परिस्थिति मुझे मेरे बारे में क्या दिखा रही है?" फिर शांत होकर उत्तर को महसूस करें। बिना जजमेंट के उसे देखें। और स्वयं को याद दिलाएँ: "यह भूमिका का हिस्सा है, मेरा वास्तविक स्वरूप नहीं।"

अंतिम सत्य- **संसार आपको परेशान करने नहीं आया है। वह आपको जगाने आया है।** हर व्यक्ति... हर परिस्थिति... हर चुनौती... एक द्वार है। एक ऐसा द्वार जो आपको फिर से स्वयं तक ले जाना चाहता है।

चिंतन के प्रश्न

- कौन-सी परिस्थितियाँ मुझे सबसे अधिक trigger करती हैं?
- उन क्षणों में मैं कौन-सी भावनाएँ महसूस करता हूँ?
- उन भावनाओं के पीछे कौन-सी मान्यता छिपी हो सकती है?
- जीवन मुझे इसके माध्यम से क्या दिखाना चाहता है?

अंतिम अंतर्दृष्टि

"जब आप दर्पण से लड़ना बंद कर देते हैं और उसके प्रतिबिंब को समझना शुरू करते हैं, तब आप केवल शांति ही नहीं पाते — आप स्वयं को पा लेते हैं।"

सारांश

- *जीवन आपके विरुद्ध नहीं है — वह आपके भीतर के अधूरे उपचार को दिखा रहा है।*
- *हर परिस्थिति एक दर्पण है, जो उस हिस्से को दिखाता है जिसे जागरूकता चाहिए।*

- *जो बाहर आपको आहत करता है, वह अक्सर भीतर की किसी अनसुलझी अवस्था की ओर संकेत करता है।*
- *संसार आपको तोड़ने नहीं, जगाने आता है।*
- *जब आप लोगों को दोष देना बंद करते हैं, तब आप स्वयं को समझना शुरू करते हैं।*
- *हर कठिन व्यक्ति एक सीख लेकर आता है जिसे आपकी आत्मा सीखने के लिए तैयार है।*
- *बाहरी अव्यवस्था की शक्ति कम हो जाती है जब भीतर की जागरूकता मजबूत हो जाती है।*
- *आपकी प्रतिक्रियाएँ शत्रु नहीं, संदेश हैं। उन्हें चेतना से सुनिए।*
- *उपचार उसी क्षण शुरू होता है जब आप पूछते हैं — "यह मुझे क्या सिखा रहा है?"*
- *जीवन शांत हो जाता है जब आप हर परिस्थिति को विकास के दर्पण के रूप में देखने लगते हैं।*

यात्रा से कुछ अनुभव

एक ऑनलाइन सत्र के प्रतिभागी ने कहा:

> "*"इस कुंजी का एक सप्ताह अभ्यास करने के बाद मैं भीतर से हल्का महसूस करने लगा और बाहरी दुनिया के बारे में अधिक सोचना कम हो गया।"*"

एक अन्य साधक ने कहा:

> "*"पहली बार मुझे समझ आया कि संसार मुझे तोड़ने नहीं आता, बल्कि मुझे जगाने आता है।"*"

ध्यान मार्गदर्शन 2

जीवन को दर्पण की तरह देखना — संसार आपके विरुद्ध नहीं है

अपनी जागरूकता को भीतर की ओर ले जाएँ... मैं बाहरी दुनिया से थोड़ा पीछे हटता हूँ... लोगों से... परिस्थितियों से... अपेक्षाओं से... और अब मैं स्वयं की ओर लौटता हूँ...बाहर का शोर नहीं हूँ...मैं भीतर का मौन साक्षी हूँ...विचार आ सकते हैं...यादें उभर सकती हैं...भावनाएँ गुजर सकती हैं...मैं केवल उन्हें देखता हूँ...अब मैं याद करता हूँ...जीवन की हर परिस्थिति मुझे जगाने आई है...हर व्यक्ति मेरे भीतर छिपी किसी बात को दिखाने आया है... कोई भी मेरे विरुद्ध नहीं है...जीवन मेरा दर्पण है...यदि मुझे चोट महसूस होती है...तो मेरे भीतर कुछ उपचार माँग रहा है...यदि मुझे क्रोध आता है...तो मेरे भीतर कुछ शांति चाहता है...यदि मुझे ईर्ष्या महसूस होती है... तो मेरे भीतर कुछ संतोष खोज रहा है... यदि मुझे भय महसूस होता है... तो मेरे भीतर कुछ विश्वास माँग रहा है... आज... मैं संसार को दोष देना छोड़ता हूँ... और धीरे से स्वयं से पूछता हूँ: "यह क्षण मुझे क्या सिखा रहा है?" "जीवन मुझे अभी क्या दिखा रहा है?" मैं गहरी साँस लेता हूँ... और जागरूकता को भीतर उठने देता हूँ... अब मैं देखता हूँ कि मेरी बहुत-सी प्रतिक्रियाएँ केवल पुराने पैटर्न थीं... वे मेरा वास्तविक स्वरूप नहीं थीं... जज करना सीखा गया था... डर सीखा गया था... तुलना सीखी गई थी... असुरक्षा सीखी गई थी... लेकिन इनमें से कोई भी मेरी मूल प्रकृति नहीं है... मेरा वास्तविक स्वरूप शांति है... मेरा वास्तविक स्वरूप प्रेम है... मेरा वास्तविक स्वरूप ज्ञान है... मेरा वास्तविक स्वरूप पवित्रता है... अब मैं अपने माथे के बीचों बीच एक सुंदर प्रकाश की कल्पना करता हूँ...कोमल... शांत...प्रकाशमान...यही मेरा वास्तविक स्वरूप है...यह प्रकाश हर भावना को देखता है...लेकिन स्वयं भावना नहीं बनता...यह प्रकाश हर विचार को देखता है... लेकिन स्वयं विचार नहीं बनता... मैं मन के पीछे की जागरूकता हूँ...अब मैं किसी ऐसे व्यक्ति या परिस्थिति को याद करता हूँ जिसने हाल ही में मुझे आहत किया था... मैं उसे शांति के साथ देखता हूँ..."यह मेरे साथ क्यों हुआ?" पूछने के बजाय... मैं पूछता हूँ: "इसने मेरे भीतर क्या प्रकट किया?" मैं उस सीख को स्वीकार करता हूँ...मैं पीड़ा को छोड़ता हूँ...मैं जीवन को धन्यवाद देता हूँ कि उसने मुझे वह दिखाया जो अब तक छिपा हुआ था... अब दर्पण अपना कार्य पूरा कर चुका है...मैं उपचार को चुनता हूँ...मैं स्वतंत्रता को चुनता हूँ...मैं उच्च चेतना को चुनता हूँ... कोई व्यक्ति मेरी शांति पर अधिकार नहीं रखता... कोई परिस्थिति मेरी सच्चाई को मुझसे छीन नहीं सकती...क्योंकि अब मैं भीतर से जी रहा हूँ... मैं प्रकाश हूँ... मैं शांत हूँ... मैं स्वतंत्र हूँ

5

तीसरा रहस्य : जीवन के पैटर्न को बिना जजमेंट के देखना

पहले अध्यायों में हमने खुशी की पहली दो कुंजियों को समझा — अपनी भूमिका के प्रति कृतज्ञता और संसार को शत्रु नहीं बल्कि दर्पण के रूप में देखना। इन अभ्यासों ने हमें अपने भीतर के पैटर्न को समझने और अनावश्यक भावनात्मक बोझ को छोड़ने में सहायता की।

अब हम खुशी का तीसरा रहस्य की ओर बढ़ते हैं — अपने ध्यान को भीतर ले जाना और जीवन का मौन साक्षी बनना। अधिकांश लोग पूरी जिंदगी केवल बाहर होने वाली घटनाओं पर प्रतिक्रिया करते रहते हैं। वे देखते हैं कि लोग क्या कह रहे हैं, क्या कर रहे हैं, कैसे व्यवहार कर रहे हैं, और परिस्थितियाँ कैसे बदल रही हैं। उनका पूरा ध्यान बाहरी दुनिया पर टिका रहता है। लेकिन वास्तविक शांति तब शुरू होती है जब हम बाहरी दृश्यों से अपना ध्यान हटाकर अपनी आंतरिक जागरूकता की ओर लौटना सीखते हैं।

चेतना के निम्न स्तर को समझना

दैनिक जीवन में हमारे भीतर अनेक विचार और भावनाएँ उठती हैं जो हमारी शांति को भंग करती हैं। जैसे:

- दुःख या भावनात्मक पीड़ा
- अकेलेपन, हानि या मृत्यु का भय
- क्रोध, बहस और संघर्ष
- ईर्ष्या और तुलना
- लोगों, सुंदरता या वस्तुओं के प्रति आकर्षण
- धन, प्रतिष्ठा या वस्तुओं से आसक्ति
- दूसरों को नियंत्रित करने की इच्छा
- स्वयं को सही साबित करने की आवश्यकता

ये प्रतिक्रियाएँ चेतना के उस निम्न स्तर से आती हैं जिसे शरीर-चेतना कहा जा सकता है। ये वर्षों की मानसिक प्रोग्रामिंग और सांसारिक सोच से बनी हुई आदतें हैं। जब ये भावनाएँ उठती हैं, तो हम अक्सर मान लेते हैं कि यही हमारी पहचान हैं। लेकिन आध्यात्मिक समझ हमें बताती है: ये प्रतिक्रियाएँ जीवन के नाटक में निभाई जा रही भूमिका का हिस्सा हैं, आत्मा का नहीं।

पहचान की शक्ति

मुक्ति का पहला कदम है — पहचान। जब भी कोई भारी विचार या भावना उठे, उसे स्पष्ट रूप से पहचानें। इसके बजाय कि हम कहें:

- "मैं क्रोधित हूँ।"
- "मैं डरा हुआ हूँ।"
- "मैं ईर्ष्यालु हूँ।"

हम धीरे-धीरे समझना शुरू करते हैं:

- "मन में क्रोध उठ रहा है।"
- "भूमिका में भय उत्पन्न हो रहा है।"
- "ईर्ष्या एक पुराना पैटर्न है।"

यह छोटा-सा परिवर्तन साक्षी और अनुभव के बीच दूरी पैदा कर देता है। पहचान का अर्थ दबाना नहीं है। इसका अर्थ है — भीतर जो हो रहा है उसे स्पष्ट रूप से देखना। और जैसे ही हम स्पष्ट रूप से देखना शुरू करते हैं, परिवर्तन स्वाभाविक रूप से शुरू हो जाता है।

ट्रिगर्स का उद्देश्य

"ट्रिगर" वह कोई भी परिस्थिति, व्यक्ति या घटना है जो आपकी शांति को विचलित कर दे। जैसे:

- किसी का आलोचना करना
- अनदेखा किया जाना
- अपमानित महसूस करना
- आर्थिक नुकसान
- तुलना
- बार-बार निराशा

ऊपरी स्तर पर लगता है कि वही परिस्थिति दुःख का कारण है। लेकिन यदि हम गहराई से देखें, तो समझ आता है कि एक ही परिस्थिति अलग-अलग लोगों को अलग तरह से प्रभावित करती है। क्यों? क्योंकि समस्या परिस्थिति में नहीं, उसकी आंतरिक व्याख्या में है। हर व्यक्ति, हर परिस्थिति और हर प्रतिक्रिया हमारे भीतर छिपे किसी पैटर्न को उजागर करती है।

मन के छिपे हुए पैटर्न

मानव मन कई स्तरों पर कार्य करता है।

- कुछ विचार सचेत होते हैं — हमें पता होता है कि हम क्या सोच रहे हैं।
- कुछ विचार सपनों में प्रकट होते हैं — ये अवचेतन से आते हैं।
- लेकिन एक तीसरा स्तर भी है — गहरा, छिपा हुआ और अधिक शक्तिशाली।

यही छिपे हुए संस्कार हमारी प्रतिक्रियाओं को चुपचाप नियंत्रित करते हैं। अक्सर हमें पता भी नहीं होता कि वे मौजूद हैं — जब तक जीवन उन्हें सामने न ले आए। और जीवन उन्हें कैसे सामने लाता है? लोगों और परिस्थितियों के माध्यम से।

पैटर्न से लड़ना नहीं

बहुत-से साधक अपनी भावनाओं से लड़ने लगते हैं। क्रोध आता है तो उसे दबाने की कोशिश करते हैं। ईर्ष्या आती है तो स्वयं को दोष देने लगते हैं। भय आता है तो उसे हटाने का प्रयास करते हैं। लेकिन दबाव भीतर संघर्ष पैदा करता है। पुराने पैटर्न तुरंत समाप्त नहीं होते, क्योंकि वे वर्षों की मानसिक प्रोग्रामिंग से बने हैं इसलिए आध्यात्मिक अभ्यास भावनाओं को दबाना नहीं है। **अभ्यास है — जागरूकता।** जब कोई प्रतिक्रिया उठे, केवल उसे देखें। ऐसे जैसे आप किसी फिल्म का दृश्य देख रहे हों। धीरे-धीरे यह अवलोकन पैटर्न की शक्ति को कम करने लगता है।

ध्यान को बाहर से भीतर लाना

अधिकांश दुःख इसलिए उत्पन्न होता है क्योंकि हमारा ध्यान पूरी तरह बाहरी दृश्यों में फँसा रहता है। हम लगातार देखते रहते हैं कि दूसरे क्या कर रहे हैं, क्या बोल रहे हैं, उनका इरादा क्या है। यह आदत मन को तुलना, निर्णय और प्रतिक्रिया में फँसाए रखती है।**इसलिए तीसरी कुंजी बहुत सरल है: बाहरी दृश्यों को इतना अधिक महत्व देना बंद करें।**

इसका अर्थ जीवन से भागना नहीं है। हम अभी भी सब कुछ देखेंगे, सुनेंगे और अनुभव करेंगे। लेकिन अब हमारा ध्यान उन दृश्यों में खोएगा नहीं। हम उसे धीरे-धीरे भीतर के साक्षी की ओर वापस ले आएँगे।

जीवन को एक नाटक की तरह समझना

आध्यात्मिक दृष्टि से जीवन एक पूर्व-लिखित नाटक की तरह है। हर व्यक्ति अपनी मानसिक प्रोग्रामिंग और परिस्थितियों के अनुसार अपनी भूमिका निभा रहा है। जब हम यह समझते हैं, तब हम लोगों को दोष देना और परिस्थितियों से लड़ना छोड़ देते हैं। तब जीवन एक **ब्रह्मांडीय लीला** जैसा दिखाई देने लगता है। *हर पात्र अपनी भूमिका निभा रहा है... और हम मौन साक्षी बने रहते हैं।*

जागरूकता के साथ जीना

इस समझ का अर्थ समाज से दूर होना नहीं है। हम परिवार, कार्य और संबंधों में बने रहते हैं। हम अपनी जिम्मेदारियाँ निभाते हैं। लेकिन इन सबके बीच हम एक सत्य याद रखते हैं: मैं इस भूमिका का साक्षी हूँ। शरीर कर्म करता है। मन विचार और भावनाएँ अनुभव करता है। लेकिन आत्मा मौन साक्षी बनी रहती है।

महासागर और लहरें

समुद्र को देखिए। उसकी सतह पर लगातार लहरें उठती और गिरती रहती हैं। कुछ छोटी होती हैं, कुछ बड़ी, कुछ तूफानी। लेकिन सतह के गहरे नीचे समुद्र शांत और स्थिर रहता है। हमारा जीवन भी ऐसा ही है। ऊपर की सतह पर घटनाएँ, भावनाएँ और प्रतिक्रियाएँ बदलती रहती हैं। लेकिन हमारे अस्तित्व की गहराई में पूर्ण शांति मौजूद है। वही शांति आत्मा का वास्तविक स्वरूप है।

एक सरल दैनिक अभ्यास

दिनभर अपने आप से एक प्रश्न पूछें: “इस क्षण को कौन देख रहा है?” मन के विचारों को देखें। शरीर की गतिविधियों को देखें। फिर धीरे-धीरे अपना ध्यान उस मौन जागरूकता की ओर ले जाएँ जो सब कुछ देख रही है। जितना अधिक आप इस अभ्यास को करेंगे, उतनी ही भीतर स्थिरता बढ़ेगी।

दैनिक अभ्यास

जब भी कोई तीव्र भावना उठे, रुकें और स्वयं से पूछें:

- इस समय मन में क्या चल रहा है?
- शरीर क्या अनुभव कर रहा है?
- इस पूरे अनुभव को कौन देख रहा है?

फिर अपना ध्यान भीतर के मौन साक्षी पर ले आएँ। जितनी बार आप इस जागरूकता में लौटेंगे, उतनी ही आपकी आंतरिक शांति स्थिर होती जाएगी।

चिंतन

खुशी जीवन को नियंत्रित करने से नहीं मिलती। खुशी जीवन को जागरूकता से देखने से मिलती है। जब हम हर बाहरी दृश्य पर प्रतिक्रिया देना बंद कर देते हैं और भीतर के साक्षी में विश्राम करना सीख लेते हैं, तब मन स्वाभाविक रूप से हल्का और शांत होने लगता है। और धीरे-धीरे खुशी बाहर खोजने की चीज़ नहीं रहती। वह हमारा स्वाभाविक स्वरूप बन जाती है।

सारांश

- *तीसरी कुंजी है — ध्यान को भीतर ले जाकर जीवन का मौन साक्षी बनना।*
- *अधिकांश दुःख बाहरी दृश्यों, लोगों और परिस्थितियों पर अत्यधिक ध्यान देने से पैदा होता है।*
- *भय, क्रोध, ईर्ष्या, दुःख और नियंत्रण जैसी भावनाएँ चेतना के निम्न स्तर से आती हैं, आत्मा से नहीं।*
- *ये प्रतिक्रियाएँ पुराने संस्कार हैं जो वर्षों की मानसिक प्रोग्रामिंग से बने हैं।*
- *मुक्ति तब शुरू होती है जब हम कहते हैं — "क्रोध उठ रहा है", न कि "मैं क्रोधित हूँ।"*
- *ट्रिगर्स शत्रु नहीं हैं; वे भीतर छिपे पैटर्न को सामने लाते हैं।*
- *आध्यात्मिक मार्ग भावनाओं को दबाना नहीं, बल्कि बिना जजमेंट के अवलोकन है।*
- *जीवन एक नाटक की तरह है जहाँ हर व्यक्ति अपनी मानसिक प्रोग्रामिंग के अनुसार भूमिका निभा रहा है।*
- *वास्तविक खुशी तब आती है जब हम भीतर के मौन साक्षी में स्थिर हो जाते हैं।*

यात्रा से कुछ अनुभव

दिल्ली की एक गृहिणी ने साझा किया:

> *““मैं हमेशा सोचती थी कि दूसरे लोग मेरी चिड़चिड़ाहट का कारण हैं। लेकिन अब समझ आया कि सबसे अधिक दुःख बाहरी दृश्यों पर अत्यधिक ध्यान देने*

से होता है, न कि वास्तविक आत्मा से।""

एक महिला मुस्कुराकर बोली:

"*"पैंतालीस साल की शादी के बाद मैंने पहली बार अपने पति को बदलने की कोशिश छोड़ दी और उन्हें उनकी भूमिका निभाने देना सीख लिया।"*"

एक सैन्य अधिकारी ने कहा:

"*"प्रमोशन, तुलना और सहकर्मियों के प्रति नाराज़गी ने मेरे मन को भारी कर दिया था। अब मैं देख पा रहा हूँ कि हर व्यक्ति केवल अपनी भूमिका निभा रहा है।"*"

ध्यान मार्गदर्शन 3

पुराने पैटर्न्स के मौन साक्षी बनना

धीरे-धीरे अपना ध्यान बाहरी दुनिया से हटाएँ...लोगों से...परिस्थितियों से...अधूरे कार्यों से...बातचीतों से...अपेक्षाओं से...उन्हें धीरे-धीरे पृष्ठभूमि में विलीन होने दें...अब भीतर लौटें...उस उपस्थिति को महसूस करें जो भीतर मौजूद है...वह जो सब कुछ देख रही है... मैं इस शरीर को देख रहा हूँ...इसलिए मैं केवल शरीर नहीं हूँ...मैं मन में चलते विचारों को देख रहा हूँ...इसलिए मैं विचार नहीं हूँ... मैं भावनाओं को उठते और गुजरते हुए महसूस कर रहा हूँ...इसलिए मैं भावनाएँ नहीं हूँ...मैं वह हूँ जो देख रहा है...मैं साक्षी हूँ...मैं मौन पर्यवेक्षक हूँ...मैं जागरूकता हूँ...यदि कोई दुःख उपस्थित है...उसे देखें...यदि कोई भय उपस्थित है...उसे देखें...यदि कोई क्रोध उपस्थित है...उसे देखें...यदि तुलना या ईर्ष्या उपस्थित है...उसे देखें...कुछ भी हटाने की आवश्यकता नहीं है...कुछ भी दबाने की आवश्यकता नहीं है...कुछ भी जज करने की आवश्यकता नहीं है...ये केवल मन की गतिविधियाँ हैं...ये पुराने पैटर्न्स हैं...क्षणिक लहरें हैं...और मैं हर लहर से कहीं अधिक गहरा हूँ...जैसे आकाश बादलों से अछूता रहता है...वैसे ही मैं गुजरते विचारों से अछूता हूँ...जैसे समुद्र सतह के नीचे शांत रहता है...वैसे ही बदलती भावनाओं के नीचे मैं शांत हूँ...अब धीरे-धीरे स्वयं को याद दिलाएँ... संसार मेरा शत्रु नहीं है...संसार एक दर्पण है...हर व्यक्ति...हर ट्रिगर...हर परिस्थिति...मेरे भीतर छिपी किसी बात को सामने लाती है...और जो भी सामने आता है...वह जागरूकता के माध्यम से ठीक हो सकता है...अब कृतज्ञता महसूस करें... मुझे वह दिखाने के लिए जो अब तक छिपा हुआ था...धन्यवाद हर चुनौती...मुझे जगाने में सहायता करने के लिए...अब जीवन को एक नाटक की तरह देखना शुरू करें...हर व्यक्ति अपनी भूमिका निभा रहा है...हर मन अपनी मन की प्रोग्रामिंग के अनुसार कार्य कर रहा है...हर दृश्य आता है...और फिर चला जाता है...मुझे हर दृश्य को नियंत्रित करने की आवश्यकता नहीं है...मुझे हर दृश्य पर प्रतिक्रिया देने की आवश्यकता नहीं है...मैं केवल जागरूक रहता हूँ... मैं इस भूमिका का साक्षी हूँ...शरीर कर्म करता है...मन विचार करता है...संसार चलता रहता है...लेकिन मैं भीतर स्थिर रहता हूँ...अब अपने अस्तित्व के केंद्र में विश्राम करें...एक मौन स्थान...एक शांत उपस्थिति...एक स्थिर प्रकाश...अब धीरे-धीरे भीतर दोहराएँ: मैं शांत हूँ...मैं जागरूक हूँ...मैं स्वतंत्र हूँ...मैं साक्षी हूँ...मैं आत्मा हूँ...जब भी जीवन मुझे विचलित करेगा...मैं याद रखूँगा...यह एक दर्पण है...यह जागने का अवसर है...जब भी भावनाएँ उठेंगी...मैं याद रखूँगा...मैं व्याकुलता नहीं हूँ...मैं उसका साक्षी हूँ

6

चौथा रहस्य : अतीत से स्वयं को मुक्त करें

बहुत-से लोग मानते हैं कि उनकी खुशी जीवन की परिस्थितियों पर निर्भर करती है — सफलता, रिश्ते, उपलब्धियाँ या अनुकूल परिस्थितियाँ। लेकिन खुशी के बारे में एक गहरा सत्य यह है कि हमारा अधिकांश दुःख वर्तमान क्षण से नहीं, बल्कि अतीत से जुड़ाव के कारण पैदा होता है।

खुशी की चौथा रहस्य सरल लेकिन अत्यंत शक्तिशाली है:

"अपना ध्यान अतीत से हटाकर वर्तमान क्षण में स्थिर करना सीखिए।"

अधिकांश लोग अपनी मानसिक ऊर्जा का बड़ा भाग या तो अतीत को याद करने में बिताते हैं या भविष्य की चिंता में। बहुत कम लोग वास्तव में वर्तमान में जीते हैं। लेकिन शांति, स्पष्टता और वास्तविक खुशी केवल वर्तमान क्षण में ही अनुभव की जा सकती है। इस कुंजी को समझने के लिए हमें यह देखना होगा कि अतीत हमारे विचारों, भावनाओं और पहचान को कैसे प्रभावित करता है।

अतीत हमारे मन को क्यों नियंत्रित करता है

यदि किसी से पूछा जाए: "क्या इस समय आपके साथ कुछ गलत हो रहा है?" अधिकांश लोग कहेंगे — "नहीं।" लेकिन यदि पूछा जाए: "क्या आपके जीवन में कोई समस्या है?" तो अचानक अनेक उत्तर सामने आ जाते हैं:

- आर्थिक चिंताएँ
- रिश्तों की समस्याएँ
- पछतावा
- असफलताएँ
- निराशाएँ

ध्यान से देखिए — इनमें से अधिकतर समस्याएँ इस क्षण घटित नहीं हो रही हैं। वे अतीत से जुड़ी हुई हैं:

- कुछ कल हुआ था
- कुछ महीनों पहले
- कुछ वर्षों पहले

लेकिन हम उन्हें बार-बार याद करके वर्तमान में फिर से जीने लगते हैं। यहीं से खुशी धीरे-धीरे समाप्त होने लगती है।

ध्यान का नियम

मन एक सरल नियम से संचालित होता है:

> *"जहाँ ध्यान जाता है, वहीं ऊर्जा बहती है।"*

जिस बात को हम बार-बार सोचते हैं, वह मन में और मजबूत होती जाती है। जब ध्यान लगातार अतीत पर जाता है:

- यादें गहरी होती जाती हैं
- भावनाएँ और तीव्र हो जाती हैं
- हमारी पहचान उन्हीं यादों से जुड़ने लगती है

धीरे-धीरे अतीत हमारा मानसिक वर्तमान बन जाता है। घटना समाप्त हो चुकी होती है, लेकिन उसका भावनात्मक अनुभव चलता रहता है।

अतीत और अहंकार

जब हम अहंकार की बात करते हैं, तो अक्सर केवल घमंड की कल्पना करते हैं। लेकिन अहंकार के कई सूक्ष्म रूप होते हैं। उनमें से एक है — अतीत से जुड़ी पहचान। जैसे:

- "मैं पहले बहुत सफल था।"
- "मेरी जिंदगी पहले बेहतर थी।"
- "मैंने बहुत बड़ी गलती की।"
- "किसी ने मुझे बहुत गहरी चोट पहुँचाई।"

इन सभी वाक्यों में मन किसी पुराने अनुभव से अपनी पहचान बनाए हुए है। अहंकार कहानियों पर जीवित रहता है। जितना हम उन कहानियों को दोहराते हैं, वे उतनी ही मजबूत होती जाती हैं। वर्तमान में स्वतंत्र होकर जीने के लिए हमें धीरे-धीरे इन पहचानों को छोड़ना सीखना होगा।

पाँच मुख्य कारण जिनसे अतीत हमें बाँधे रखता है

1. पछतावा और पुरानी गलतियाँ: बहुत-से लोग वर्षों पुरानी गलतियों को बार-बार याद करते रहते हैं। वे सोचते हैं:

- “मुझे ऐसा नहीं करना चाहिए था।”
- “मैंने बहुत बड़ी गलती कर दी।”
- “काश मैंने दूसरा निर्णय लिया होता।”

लेकिन एक महत्वपूर्ण सत्य को समझिए: उस समय हमने वही किया जो उस समय हमारी समझ, भावनात्मक स्थिति और जागरूकता के स्तर के अनुसार संभव था। यदि हमें बेहतर समझ होती, तो हम अलग तरह से कार्य करते। इसलिए अपने पुराने स्वरूप को दोष देना अनावश्यक दुःख है। गलतियों को अपनी यात्रा का हिस्सा समझिए। कई बार वही अनुभव हमें आत्म-जागरूकता की ओर ले जाते हैं।

2. भावनात्मक चोट: अतीत से जुड़ाव का एक बड़ा कारण भावनात्मक पीड़ा है। किसी ने:

- हमारा विश्वास तोड़ा
- हमारा अपमान किया
- हमें अस्वीकार किया
- हमारे साथ अन्याय किया

जब ये यादें दोहराई जाती हैं, तब मन स्वयं को पीड़ित मानने लगता है। लेकिन घाव को पकड़े रहना उपचार नहीं है। यह केवल पीड़ा को जीवित रखता है। एक गहरी समझ यह है: *जिस व्यक्ति ने आपको चोट पहुँचाई, वह भी अपनी मानसिक प्रोग्रामिंग और सीमित जागरूकता से कार्य कर रहा था।* यह समझ गलत व्यवहार को सही नहीं ठहराती, लेकिन भावनात्मक बोझ को हल्का करने में सहायता करती है। क्षमा का अर्थ यह नहीं कि जो हुआ वह सही था। क्षमा का अर्थ है — स्वयं को अतीत से मुक्त करना।

3. खोए हुए अवसर: बहुत-से लोग मानते हैं कि उनकी खुशी किसी छूटे हुए अवसर के साथ चली गई। वे सोचते हैं:

- “मुझे वह नौकरी ले लेनी चाहिए थी।”
- “मुझे वह व्यवसाय शुरू करना चाहिए था।”
- “मेरी जिंदगी अलग हो सकती थी।”

यह सोच मन को काल्पनिक जीवन में फँसाए रखती है। लेकिन जीवन हमेशा हमारी मानसिक योजनाओं के अनुसार नहीं चलता। वास्तविक संतोष तब आता है जब हम समझते हैं: *हमारी आंतरिक शांति बाहरी उपलब्धियों पर निर्भर नहीं है।*

4. “पुराने अच्छे दिनों” की याद: कभी-कभी अतीत दुःख के रूप में नहीं, बल्कि गहरी इच्छा के रूप में लौटता है। लोग कहते हैं:

- "वो दिन सबसे अच्छे थे।"
- "पहले सब कुछ बेहतर था।"

यह जुड़ाव वर्तमान के प्रति असंतोष पैदा करता है। यदि हमारी खुशी उन क्षणों पर निर्भर है जो अब मौजूद ही नहीं हैं, तो हमारा मन हमेशा वर्तमान से दूर रहेगा। सच्ची खुशी तब आती है जब हम वर्तमान क्षण को पर्याप्त मानना सीखते हैं।

5. पुराना आघात : कुछ लोग बहुत गहरी पीड़ादायक घटनाओं की याद अपने भीतर लिए चलते हैं। पुराना आघात मन पर गहरे निशान छोड़ सकता है। लेकिन आध्यात्मिक जागरूकता हमें एक नया दृष्टिकोण देती है। हम धीरे-धीरे समझना शुरू करते हैं:

- अनुभव जीवन में हुए,
- भावनाएँ मन और शरीर ने महसूस कीं

लेकिन हमारे अस्तित्व की सबसे गहरी चेतना — साक्षी — अछूती रही। यह समझ धीरे-धीरे पुराने आघात की पकड़ को कम करने लगती है।

अवलोकन का अभ्यास

मन का कार्य विचार उत्पन्न करना है। विचारों से लड़ना उन्हें और मजबूत कर देता है। इसलिए अधिक शक्तिशाली अभ्यास है — जागरूक अवलोकन। जब कोई पुरानी याद उठे:

- उसे देखें
- उसे जज न करें
- उसका विरोध न करें
- केवल उसका अवलोकन करें

फिर स्वयं से पूछें: "इस विचार को कौन देख रहा है?" उत्तर आपको भीतर की जागरूकता की ओर ले जाएगा। आप विचार नहीं हैं।
आप वह हैं जो विचार को देख रहा है।

वर्तमान में लौटना

वर्तमान केवल समय का एक क्षण नहीं है। यह चेतना की अवस्था है। जब ध्यान वर्तमान में लौटता है:

- मन शांत होने लगता है
- भावनात्मक बोझ हल्का होने लगता है
- स्पष्टता बढ़ने लगती है

तब अतीत दुःख का स्रोत नहीं, बल्कि ज्ञान का स्रोत बन जाता है। सीख आपके साथ रहती है... लेकिन कहानी समाप्त हो जाती है।

चिंतन अभ्यास

कुछ मिनट शांत बैठकर स्वयं से पूछें:

- कौन-सी पुरानी याद सबसे अधिक बार मन में आती है?
- क्या वह पछतावे, पीड़ा या गहरी इच्छा से जुड़ी है?
- उस याद के आधार पर आपने अपनी कौन-सी पहचान बना ली है?
- यदि वह कहानी न रहे, तो आप कौन होंगे?

ईमानदारी से लिखिए। जागरूकता ही परिवर्तन की शुरुआत है।

चौथी कुंजी का सार

अतीत से सीखिए। लेकिन उसमें रहना बंद कीजिए। पूर्ण रूप से वर्तमान में जीना सीखिए। जितना अधिक ध्यान वर्तमान में स्थिर होगा, उतना ही जीवन हल्का और शांत होगा और जब अतीत हमारी पहचान तय करना बंद कर देता है, तब हम अपने वास्तविक स्वरूप में जीना शुरू करते हैं।

दैनिक अभ्यास

जब भी दिन में अतीत की कोई याद आए, रुकें और स्वयं से कहें: "यह केवल एक स्मृति है, मेरी वर्तमान वास्तविकता नहीं।" आपको अतीत से लड़ने की आवश्यकता नहीं है। आपको केवल उसे फिर से जीना बंद करना है। और उसी क्षण... आप स्वतंत्र हो जाते हैं।

सारांश

- *खुशी उसी क्षण शुरू होती है जब हम अपना ध्यान अतीत से हटाकर वर्तमान में लाते हैं।*
- *अतीत केवल इसलिए जीवित रहता है क्योंकि हम उसे बार-बार ध्यान देते रहते हैं।*
- *पुरानी यादों से सीखिए, लेकिन उनमें जीना बंद कीजिए।*
- *आप वह कहानी नहीं हैं जो आपके साथ घटी; आप वह जागरूकता हैं जो उसे देख रही है।*
- *जब आप अतीत को छोड़ते हैं, तब वर्तमान अपनी शांति प्रकट करता है।*
- *मन यादों को दोहराता है, लेकिन आत्मा वर्तमान में रहती है।*
- *क्षमा अतीत को बदलना नहीं, वर्तमान को मुक्त करना है।*
- *कल की कोई भी घटना आपकी खुशी नहीं छीन सकती, जब तक आप उसे आज फिर से आमंत्रित न करें।*
- *सच्ची खुशी बेहतर यादों में नहीं, बल्कि वर्तमान जागरूकता में मिलती है।*
- *स्मृतियाँ तब तक हानिरहित हैं जब तक हम उनसे भावनात्मक रूप से फिर से जुड़ नहीं जाते।*
- *स्वतंत्रता अतीत को भूलना नहीं, बल्कि उसे बिना पीड़ा के याद कर पाना है।*
- *मन कहानी को जीवित रखने के लिए अतीत दोहराता है; जागरूकता कहानी को समाप्त कर देती है।*

यात्रा से कुछ अनुभव

कई प्रतिभागियों ने साझा किया कि जैसे-जैसे उन्होंने अतीत में जीना कम किया, उनकी चिंता कम होने लगी।

एक सत्र सदस्य ने कहा:

> *““बाहरी जीवन में कुछ भी नहीं बदला, लेकिन मैं भीतर से शांत हो गया क्योंकि मैं धीरे-धीरे अतीत के विचारों से स्वयं को हटाना सीख रहा हूँ।””*

भारत के एक प्रतिभागी ने कहा:

> *““मुझे एहसास हुआ कि मैं अतीत की यादों में जीते-जीते थक चुका था। अब मैंने सीखा है कि पुरानी यादों को बिना पीड़ा को कैसे देखा जाए।””*

ध्यान मार्गदर्शन 4

अतीत से स्वयं को मुक्त करना

अपना ध्यान भीतर की ओर ले जाएँ...आपको कुछ नियंत्रित करने की आवश्यकता नहीं है...केवल देखना है...यदि विचार उपस्थित हैं...उन्हें आने और जाने दें...आप विचार नहीं हैं...आप वह हैं जो विचारों को देख रहा है...अब धीरे-धीरे अतीत से जुड़ी किसी स्मृति या विचार को उभरने दें...उसे जबरदस्ती मत बुलाइए...केवल ध्यान दें... कोई याद...कोई व्यक्ति...कोई परिस्थिति...कोई भावना... उसे ऐसे देखें जैसे वह किसी स्क्रीन पर चल रही हो...आप उस दृश्य के भीतर नहीं हैं...आप उस दृश्य के साक्षी हैं...भावना और स्मृति को अलग करना है...अब देखें कि क्या उस स्मृति के साथ कोई भावना जुड़ी हुई है: दुःख...क्रोध...पछतावा...अपराधबोध... धीरे से स्वयं को याद दिलाएँ: "यह सब पहले ही हो चुका है..." "यह इस क्षण नहीं हो रहा..." स्मृति को रहने दें...लेकिन भावना को धीरे-धीरे हल्का होने दें...आपको भावना से लड़ने की आवश्यकता नहीं है...केवल उसे ऊर्जा देना बंद करना है...साक्षी बने रहें... पहचान को छोड़ना है। अब भीतर यह समझ लाएँ: "यह एक अनुभव था... लेकिन यह मेरी वास्तविक पहचान नहीं है।" अतीत उस भूमिका का हिस्सा था जिसे आपने कभी निभाया था...लेकिन आप हर भूमिका से कहीं अधिक हैं...आप वह उपस्थिति हैं जिसने यह सब देखा...इस सत्य को भीतर उतरने दें...धीरे-धीरे अतीत की पकड़ ढीली होने लगती है...अब उस स्मृति को आकाश में एक बादल की तरह कल्पना करें...वह आई थी...और अब धीरे-धीरे दूर जा रही है...आपको उसे धक्का देने की आवश्यकता नहीं है... आपको उसे पकड़कर रखने की भी आवश्यकता नहीं है...उसे स्वाभाविक रूप से गुजरने दें...हर साँस छोड़ते हुए महसूस करें कि कुछ हल्का हो रहा है...कुछ मुक्त हो रहा है...आपके भीतर एक नया स्थान खुल रहा है...अपने वास्तविक स्वरूप में लौटना अब अपना ध्यान अपने भीतर के अस्तित्व पर ले जाएँ...भीतर की स्थिरता को महसूस करें...मन ही मन धीरे-धीरे दोहराएँ: मैं शांत हूँ...मैं स्वतंत्र हूँ...मैं अतीत से अछूता हूँ...इस सत्य को गहराई से महसूस करें...यह शांति आपने बनाई नहीं है...यह हमेशा से आपके भीतर थी...मन के शोर के पीछे...वर्तमान में विश्राम अब इस वर्तमान क्षण में लौट आएँ...अभी...अतीत की कोई घटना नहीं हो रही... अभी...आप सुरक्षित हैं...अभी...आप स्वतंत्र हैं... इस जागरूकता में विश्राम करें...कुछ क्षण केवल रहने दें...कुछ भी करने की आवश्यकता नहीं है...और इस हल्केपन को अपने साथ लेकर आगे बढ़ें...

7

पाँचवाँ रहस्य : भविष्य की चिंता से मुक्ति

मनुष्य अक्सर यह मानता है कि खुशी भविष्य में कहीं छिपी हुई है। हम स्वयं से कहते हैं:

- "जब परिस्थितियाँ बेहतर होंगी, तब मैं खुश रहूँगा।"
- "जब समस्याएँ समाप्त होंगी, तब मुझे शांति मिलेगी।"
- "जब सब कुछ सुरक्षित हो जाएगा, तब मैं आराम कर पाऊँगा।"

लेकिन इस प्रकार की सोच धीरे-धीरे मन को अंतहीन प्रतीक्षा में बाँध देती है। सत्य बहुत सरल है: **खुशी भविष्य में नहीं रहती। खुशी केवल वर्तमान क्षण में मौजूद होती है।**

खुशी की पाँचवीं कुंजी है — भविष्य के बारे में लगातार चिंता करने, अनुमान लगाने और सब कुछ नियंत्रित करने की मानसिक आदत से स्वयं को मुक्त करना। जब मन जीवन से आगे भागना बंद कर देता है, तब भीतर स्वाभाविक शांति प्रकट होने लगती है।

भविष्य के प्रति मन का आकर्षण

मन स्वाभाविक रूप से भविष्य की ओर भागता है। वह लगातार अनुमान लगाता रहता है कि आगे क्या होगा। भविष्य से जुड़े विचार कई रूपों में प्रकट होते हैं:

- क्या गलत हो सकता है इसकी चिंता
- हर परिस्थिति की योजना बनाना
- इच्छित परिणामों की कल्पना करना
- अनिश्चितता का भय
- सफलता या असफलता को लेकर संदेह
- सुरक्षा और अस्तित्व की चिंता

ये विचार देखने में व्यावहारिक लग सकते हैं, लेकिन जब वे अत्यधिक बढ़ जाते हैं, तब वे वर्तमान क्षण की शांति छीन लेते हैं। भविष्य अभी घटित नहीं हो रहा। फिर भी हम लगातार उसके बारे में सोचकर उसे मानसिक रूप से वर्तमान में ले आते हैं और उन घटनाओं पर भावनात्मक प्रतिक्रिया देने लगते हैं जो अभी हुई ही नहीं हैं। यहीं से अनावश्यक तनाव पैदा होता है।

मन एक कहानीकार है

एक बहुत महत्वपूर्ण बात समझना आवश्यक है: मन एक कहानीकार है। वह लगातार जीवन के बारे में कहानियाँ बनाता रहता है। कभी वह अतीत की कहानियाँ बनाता है। कभी भविष्य

की। मान लीजिए आपका कोई मित्र आज शाम मिलने आने वाला है। तुरंत मन कहानी बनाना शुरू कर देता है: हम क्या बात करेंगे? मैं क्या खिलाऊँगा? यदि उसने ऐसा प्रतिक्रिया दी तो? यदि कुछ गलत हो गया तो? मन केवल संभावनाओं की कल्पना कर रहा होता है। इनमें से अधिकांश घटनाएँ कभी घटती भी नहीं हैं। लेकिन मन उन काल्पनिक कहानियों में भावनात्मक रूप से उलझ जाता है। यहीं से मानसिक तनाव जन्म लेता है।

भविष्य की सोच वर्तमान को कैसे छीन लेती है

वर्तमान क्षण स्वाभाविक रूप से शांत और मौन होता है। लेकिन जैसे ही मन भविष्य में जाने लगता है, वह शांति खोने लगती है। अब हम वर्तमान को वैसे नहीं जीते जैसे वह है। हम उस चीज़ को संभालने में व्यस्त हो जाते हैं जो अभी अस्तित्व में भी नहीं है। जब हम वर्तमान में पूरी तरह उपस्थित होते हैं:

- स्पष्टता होती है
- शांति होती है
- जागरूकता होती है

लेकिन जब मन भविष्य में चला जाता है:

- चिंता उत्पन्न होती है
- बेचैनी बढ़ती है
- भय सोच पर हावी होने लगता है

इस प्रकार अत्यधिक भविष्य-चिंतन धीरे-धीरे हमारी आंतरिक शांति को कम कर देता है।

नियंत्रण का भ्रम

भविष्य की चिंता का एक बड़ा कारण है — जीवन को नियंत्रित करने की इच्छा। हम सोचते हैं कि यदि हम पर्याप्त योजना बना लें, पर्याप्त तैयारी कर लें, सब कुछ पहले से सोच लें, तो हम सुरक्षित रहेंगे। लेकिन जीवन शायद ही कभी पूरी तरह हमारी योजनाओं के अनुसार चलता है। लोग भविष्य को नियंत्रित करने की कोशिश करते हैं:

- आर्थिक सुरक्षा के माध्यम से
- करियर योजना के माध्यम से

- रिश्तों को नियंत्रित करके
- जीवन के हर चरण की योजना बनाकर

व्यावहारिक योजना आवश्यक हो सकती है, लेकिन परिणामों पर भावनात्मक निर्भरता भीतर तनाव पैदा करती है। वास्तविक शांति जीवन को नियंत्रित करने से नहीं, जीवन के प्रवाह पर विश्वास करने से आती है।

दिव्य बुद्धि पर विश्वास

हर आध्यात्मिक परंपरा यह कहती है कि जीवन को एक गहरी बुद्धि संचालित कर रही है। चाहे हम उसे कहें:

- दिव्य बुद्धि
- सार्वभौमिक व्यवस्था
- ईश्वर
- उच्च चेतना

हमारी व्यक्तिगत योजनाओं से परे भी एक बड़ा चेतना का विस्तार होना चल रहा है। जब हम इस बात पर विश्वास करना शुरू करते हैं कि जीवन किसी गहरी बुद्धि के अनुसार आगे बढ़ रहा है, तब मन स्वाभाविक रूप से शांत होने लगता है। विश्वास का अर्थ लापरवाह होना नहीं है। इसका अर्थ है यह समझना कि जीवन को पूरी तरह सोचने वाला मन नियंत्रित नहीं कर सकता। कई बार जीवन की सबसे सुंदर संभावनाएँ उन्हीं परिस्थितियों से आती हैं जिनकी हमने कभी योजना नहीं बनाई थी।

नए स्वरूप का निर्माण

भविष्य की चिंता से मुक्त होने का एक महत्वपूर्ण कदम है — अपनी पहचान को बदलना। अधिकांश लोग पुराने स्वरूप से जीते हैं।
पुराना स्वरूप बना होता है:

- पुराने अनुभवों से
- भय और असुरक्षाओं से
- सामाजिक मानसिक प्रोग्रामिंग से
- भावनात्मक आदतों से

यही पुराना स्वरूप लगातार भविष्य को लेकर चिंतित रहता है। लेकिन आध्यात्मिक जागरूकता हमें एक नई पहचान की ओर ले जाती है। नया स्वरूप भय पर आधारित नहीं होता। वह आत्मा के गुणों पर आधारित होता है। नया स्वरूप पहचानता है:

- मैं शांति हूँ।
- मैं प्रेम हूँ।
- मैं शक्ति हूँ।
- मैं पूर्ण हूँ।
- मैं अपने भीतर सम्पूर्ण हूँ।

जब हम इस चेतना से जीना शुरू करते हैं, तब भविष्य को नियंत्रित करने की आवश्यकता धीरे-धीरे कम होने लगती है। जागरूकता पुराने पैटर्न तोड़ती है परिवर्तन विचारों से लड़ने से नहीं आता। विचार आते रहेंगे। लेकिन अब हम उनसे लड़ने के बजाय उन्हें देखना सीखते हैं। जब भी भविष्य से जुड़ा कोई विचार उठे, स्वयं से पूछें:

- "क्या यह अभी इस क्षण हो रहा है?"
- "क्या मैं इस समय इसके बारे में कुछ कर सकता हूँ?"

यदि उत्तर "नहीं" है, तो वह केवल कल्पना है। केवल यह पहचान ही चिंता की पकड़ को कमजोर करने लगती है।

कृतज्ञता की शक्ति

वर्तमान में लौटने का सबसे शक्तिशाली मार्गों में से एक है — कृतज्ञता। भविष्य की चिंता हमें उन चीज़ों से दूर कर देती है जो पहले से हमारे जीवन में अच्छी हैं। कुछ क्षण रुककर देखें:

- यह शरीर जो आपका साथ दे रहा है
- यह घर जो आपको आश्रय देता है
- वे लोग जो आपकी परवाह करते हैं
- वे अवसर जो आपको मिले हैं

कृतज्ञता ध्यान को कमी से हटाकर भरपूरता की ओर ले जाती है। और उसी क्षण भावनात्मक संतुलन लौटने लगता है।

वर्तमान क्षण का सत्य

वर्तमान ही वह स्थान है जहाँ जीवन वास्तव में मौजूद है। अतीत केवल स्मृति है। भविष्य केवल कल्पना है। लेकिन वर्तमान वास्तविक है। जब ध्यान पूरी तरह वर्तमान में टिकता है:

- मन शांत होने लगता है
- जागरूकता गहरी होती है
- जीवन सरल और स्पष्ट महसूस होने लगता है

और तब खुशी भविष्य के परिणामों पर निर्भर नहीं रहती। वह भीतर की शांति से स्वाभाविक रूप से प्रकट होती है।

चिंतन अभ्यास

कुछ मिनट शांत बैठकर स्वयं से पूछें:

- कौन-सी भविष्य संबंधी चिंताएँ सबसे अधिक बार मन में आती हैं?
- क्या वे वास्तव में अभी घटित हो रही हैं?
- आपकी कितनी मानसिक ऊर्जा भविष्य को नियंत्रित करने में खर्च होती है?
- यदि आप जीवन के प्रकट होना पर विश्वास करें, तो जीवन कैसा महसूस होगा?

ईमानदारी से लिखिए। जागरूकता ही स्वतंत्रता की शुरुआत है। पाँचवाँ रहस्य का सार: **भविष्य को नियंत्रित करने की आवश्यकता को छोड़िए। जीवन के प्रवाह पर विश्वास कीजिए। बार-बार वर्तमान में लौटिए।** जब हम काल्पनिक भविष्य में जीना बंद कर देते हैं, तब मन हल्का हो जाता है और उसी हल्केपन में खुशी स्वाभाविक रूप से प्रकट होती है।

दैनिक अभ्यास

दिनभर जब भी भविष्य की चिंता उठे, रुकें और स्वयं से कहें: "**यह विचार भविष्य से जुड़ा है। अभी मैं वर्तमान में लौटता हूँ।**" धीरे-धीरे एक गहरी साँस लें... और अपनी आंतरिक स्थिरता से जुड़ जाएँ। जितनी बार आप यह अभ्यास करेंगे, उतनी ही शांति स्वाभाविक होती जाएगी। और धीरे-धीरे खुशी परिस्थितियों पर निर्भर नहीं रहेगी — वह आपकी जागरूकता की मौन शक्ति से प्रकट होने लगेगी।

सारांश

- *मन एक कहानीकार है — कभी अतीत की कहानी बनाता है, कभी भविष्य की। शांति तब शुरू होती है जब हम हर कहानी पर विश्वास करना बंद कर देते हैं।*
- *भविष्य अभी घटित नहीं हो रहा, फिर भी उसकी चिंता करके हम वर्तमान में दुःख अनुभव करते हैं।*
- *आप कल को नियंत्रित नहीं कर सकते, लेकिन आज अपनी चेतना की गुणवत्ता चुन सकते हैं — और वही कल का निर्माण करती है।*
- *खुशी भविष्य को सुरक्षित करने में नहीं, वर्तमान को पूर्ण रूप से जीने में मिलती है।*
- *मन संभावनाओं की कल्पना करके भय पैदा करता है; जागरूकता वर्तमान में लौटकर भय को घोल देती है।*
- *जब आप जीवन को नियंत्रित करना छोड़ते हैं, तभी आप जीवन पर विश्वास करना शुरू करते हैं — और वहीं शांति जन्म लेती है।*
- *पुरानी पहचान चिंता और नियंत्रण में जीती है; वास्तविक पहचान विश्वास और स्थिरता में रहती है।*
- *अतीत और भविष्य केवल विचार हैं; वास्तविक जीवन केवल वर्तमान में है।*
- *जिस क्षण आप विचार को देखने लगते हैं, उसका पीछा करना बंद कर देते हैं — उसी क्षण आप मन की कैद से बाहर निकल आते हैं।*
- *जो वास्तव में आपके लिए है, वह सहज रूप से आपके जीवन में आएगा — जब मन शांत और हृदय विश्वास से भरा होगा।*

यात्रा से कुछ अनुभव

कई प्रतिभागियों ने साझा किया कि जैसे-जैसे उन्होंने अतीत और भविष्य में जीना कम किया, उनकी चिंता कम होने लगी।

एक महिला ने कहा:

> "*"अब यदि कोई दृश्य मेरे सामने नहीं है, तो मैं उसके बारे में लगातार नहीं सोचती।"*"

एक अन्य प्रतिभागी ने साझा किया:

> "*"पहले मेरा मन हमेशा कल में जीता था। अब मैं वहीं जीता हूँ जहाँ इस समय मेरे कदम हैं।"*"

ध्यान मार्गदर्शन 5

भविष्य की चिंता से मुक्ति

आप भीतर की यात्रा के लिए तैयार हैं... अपना ध्यान वर्तमान क्षण में ले आइए... इस समय आपको कुछ हल करने की आवश्यकता नहीं है...कुछ नियंत्रित करने की आवश्यकता नहीं है...इस क्षण...केवल देखना है...यदि मन में विचार आ रहे हैं...तो उन्हें आने दें... यह स्वाभाविक है...उन्हें रोकने की कोशिश मत कीजिए...इसके बजाय...उनके प्रति जागरूक हो जाइए...आप विचार नहीं हैं... आप वह हैं जो विचारों को देख रहा है...अब धीरे-धीरे मन में चल रहे विचारों को देखें... ध्यान दें कि क्या मन भविष्य की ओर जा रहा है: “कल क्या होगा?” “यदि कुछ गलत हो गया तो?” “क्या-क्या योजना बनानी है?”“क्या नियंत्रित करना है?” इन विचारों के पीछे मत जाइए... केवल उन्हें देखिए... फिर भीतर से धीरे-से पूछिए: “क्या यह अभी इस क्षण हो रहा है?” यदि उत्तर “नहीं” है...तो उस विचार को आकाश में गुजरते बादल की तरह जाने दें...मन अनेक कहानियाँ बना सकता है...लेकिन आप मौन साक्षी बने रहते हैं...अब अपना ध्यान फिर से वर्तमान क्षण में ले आइए...अपनी साँसों को महसूस करें...भीतर की स्थिरता को महसूस करें... इस क्षण...कुछ भी अधूरा नहीं है...यहाँ केवल जागरूकता है... मन को इस शांत स्थान में विश्राम करने दें...वर्तमान क्षण शांत है...क्योंकि यहाँ कल्पना नहीं है...यहाँ भविष्य को नियंत्रित करने की आवश्यकता नहीं है...यहाँ केवल होना है...अब धीरे-धीरे अपनी आंतरिक पहचान को महसूस करें...मन ही मन दोहराएँ: मैं बेचैन मन नहीं हूँ...मैं मन के पीछे की मौन जागरूकता हूँ...मैं एक शांत आत्मा हूँ...शांति कोई ऐसी चीज़ नहीं जिसे मुझे प्राप्त करना है... शांति मेरा मूल स्वभाव है...इस जागरूकता को और गहरा होने दें...महसूस करें कि भीतर एक शांत ऊर्जा फैल रही है...अब जीवन को कोमलता से देखें...जीवन एक गहरी बुद्धि के अनुसार प्रकट हो रहा है...मुझे हर परिणाम को नियंत्रित करने की आवश्यकता नहीं है...अब भीतर से धीरे-धीरे कहें: जीवन मेरा सहयोग कर रहा है...सब कुछ मेरे सर्वोच्च हित के लिए प्रकट हो रहा है...जो वास्तव में मेरे लिए है, वह सहज रूप से मुझे प्राप्त होगा...जैसे-जैसे विश्वास बढ़ता है... मन स्वाभाविक रूप से शांत होने लगता है...अब कल्पना करें कि आपके भीतर की शांति फैल रही है...आपका मन एक विशाल आकाश की तरह बन रहा है...विचार बादलों की तरह आते हैं...और फिर चले जाते हैं...लेकिन आकाश वैसा ही रहता है...आप वही विशाल जागरूकता हैं...मौन...स्थिर...अडिग...भविष्य की चिंताएँ इस आंतरिक शांति को विक्षोभ नहीं कर सकतीं...अब इस शांत जागरूकता को अपने पूरे दिन के साथ लेकर चलें...

8

छठा रहस्य : हर किसी द्‌वारा समझे जाने की ज़रूरत नहीं

मनुष्य की सबसे गहरी भावनात्मक आवश्यकताओं में से एक है — समझे जाने की इच्छा। हम चाहते हैं कि लोग हमारी भावनाओं, हमारी नीयत और हमारे कार्यों को समझें। जब कोई हमें गलत समझता है, तो हमें चोट लगती है। जब कोई हमें अनदेखा करता है, तो हम स्वयं को अस्वीकारित महसूस करते हैं। और जब लोग हमारे प्रयासों की सराहना नहीं करते, तो हम भीतर से अदृश्य महसूस करने लगते हैं।

यह इच्छा स्वाभाविक लग सकती है, लेकिन जब यह बहुत गहरी हो जाती है, तब यह धीरे-धीरे हमारी शांति छीनने लगती है। बहुत-से लोग वर्षों तक स्वयं को समझाने, अपने कार्यों को सही साबित करने और दूसरों से स्वीकृति पाने में लगे रहते हैं। वे मानते हैं कि यदि लोग उन्हें समझ लेंगे, तभी वे शांत और खुश हो पाएँगे। लेकिन वास्तविक खुशी हर किसी द्वारा समझे जाने से नहीं आती।

सच्ची खुशी तब आती है जब हम अपनी पहचान के लिए दूसरों की स्वीकृति पर निर्भर रहना छोड़ देते हैं। खुशी की छठी कुंजी है — **दूसरों से लगातार मान्यता और समझे जाने की आवश्यकता से स्वयं को मुक्त करना।**

हम चाहते क्यों हैं कि लोग हमें समझें?

बचपन से ही मनुष्य को स्वीकृति पाने के लिए मन की प्रोग्रामिंग की जाती है। बच्चे अपने माता-पिता की आँखों में स्वीकृति खोजते हैं। विद्यार्थी शिक्षकों से प्रशंसा चाहते हैं। बड़े होने पर लोग परिवार, मित्रों और सहकर्मियों से मान्यता चाहते हैं। धीरे-धीरे यह आदत मन में गहराई से बैठ जाती है। हम मानने लगते हैं:

- यदि लोग मुझे समझते हैं, तो मैं सही हूँ।
- यदि लोग मुझे स्वीकार करते हैं, तो मैं मूल्यवान हूँ।
- यदि लोग मेरी प्रशंसा करते हैं, तो मैं सफल हूँ।

लेकिन जब हमारा आत्म-मूल्य दूसरों की प्रतिक्रियाओं पर निर्भर हो जाता है, तब हम अपनी भावनात्मक स्वतंत्रता खो देते हैं।

मान्यता का छिपा हुआ जाल

जब मन मान्यता पर निर्भर हो जाता है, तब कई भावनात्मक पैटर्न उत्पन्न होते हैं।

1. **अत्यधिक सोचना:** एक साधारण बातचीत के बाद भी मन बार-बार सोचता रहता है: क्या मैंने सही बात कही? क्या उन्होंने मुझे गलत समझा? क्या उन्हें बुरा लगा होगा?

2. **ज़रूरत से ज़्यादा सफाई देना:** हम हर बात को स्पष्टीकरण करने लगते हैं:

- मैंने ऐसा क्यों किया
- मेरी नीयत क्या थी
- मैंने वे शब्द क्यों कहे

लेकिन जितना अधिक हम स्वयं को समझाने लगते हैं, उतना ही हम दूसरों की राय पर निर्भर होते जाते हैं।

3. हर बात को व्यक्तिगत लेना: किसी की छोटी-सी टिप्पणी... किसी का मौन... किसी का व्यवहार... सब कुछ व्यक्तिगत आक्रमण जैसा लगने लगता है। और मन भारी होने लगता है।

भावनात्मक निर्भरता

समझे जाने की इच्छा वास्तव में एक गहरे भावनात्मक निर्भरता से आती है। जब हमारी आंतरिक स्थिरता कमजोर होती है, तो हम भावनात्मक सुरक्षा दूसरों से खोजने लगते हैं। हम चाहते हैं कि लोग हमें "सही", "अच्छा" या "महत्वपूर्ण" कहें। लेकिन समस्या यह है कि हर व्यक्ति जीवन को अपनी मन की प्रोग्रामिंग, अनुभवों और भावनाओं के अनुसार देखता है। इसलिए हर कोई हमें पूरी तरह समझ पाए — यह संभव नहीं है। और यही अपेक्षा निराशा का कारण बनती है।

इस इच्छा के पीछे छिपा भय

समझे जाने की इच्छा के पीछे अक्सर कुछ सूक्ष्म भय छिपे होते हैं:

- अस्वीकृति का भय
- जज किए जाने का भय
- गलत समझे जाने का भय
- अकेले छूट जाने का भय
- पर्याप्त अच्छा न होने का भय

इन्हीं भय के कारण मन लगातार यह नियंत्रित करना चाहता है कि लोग हमारे बारे में क्या सोचें। लेकिन चाहे हम कितनी भी कोशिश करें, हम दूसरों के विचारों को नियंत्रित नहीं कर सकते। जब हम इस सत्य को स्वीकार करते हैं, तब भीतर का एक बड़ा बोझ गिरने लगता है।

उच्च चेतना की ओर परिवर्तन

स्वतंत्रता तब शुरू होती है जब हम बाहरी स्वीकृति से हटकर आंतरिक स्पष्टता की ओर बढ़ते हैं। अब हम यह पूछना बंद करते हैं: "क्या लोग मुझे समझते हैं?" और पूछना शुरू करते हैं: "क्या मैं स्वयं को समझता हूँ?" यही परिवर्तन सब कुछ बदल देता है। जब हमें अपनी नीयत और अपने मूल्यों का स्पष्ट ज्ञान होता है, तब स्वीकृति की आवश्यकता धीरे-धीरे समाप्त होने लगती है। हम स्वयं को साबित करने की आवश्यकता महसूस नहीं करते।

आंतरिक सुरक्षा

जैसे-जैसे आत्म-जागरूकता बढ़ती है, एक नई गुणवत्ता विकसित होती है — आंतरिक सुरक्षा। इसका अर्थ है कि हमारा आत्म-मूल्य अब बाहरी दुनिया पर निर्भर नहीं रहता। लोग प्रशंसा करें या आलोचना — भीतर की स्थिरता वैसी ही रहती है। हम समझते हैं: लोग अपनी मानसिक अवस्था के अनुसार प्रतिक्रिया देते हैं। उनकी राय उनका दृष्टिकोण है, हमारी वास्तविक पहचान नहीं। यही समझ गहरी भावनात्मक स्वतंत्रता लाती है।

वास्तविकता के साथ जीना

जब हम लगातार स्वयं को सफाई देना करना बंद करते हैं, तब कुछ सुंदर होने लगता है। हम अधिक वास्तविक होकर जीने लगते हैं। बहुत-से लोग दो पहचान लेकर जीते हैं: **वे वास्तव में भीतर कौन हैं और वे बाहर क्या दिखाना चाहते हैं** ।

वे लगातार स्वीकृति पाने के लिए स्वयं को बदलते रहते हैं। लेकिन जब मान्यता की आवश्यकता समाप्त होती है, तो दिखावा समाप्त हो जाता है। हम स्वाभाविक हो जाते हैं। हमारे शब्द, कर्म और भावनाएँ एक होने लगती हैं और यही भीतर गहरी शांति पैदा करता है।

भावनात्मक स्वतंत्रता

इस परिवर्तन के साथ भावनात्मक आत्मनिर्भरता भी आती है। इसका अर्थ यह नहीं कि हम ठंडे या उदासीन हो जाएँ। इसका अर्थ केवल इतना है कि हमारी शांति अब दूसरों की प्रतिक्रियाओं पर निर्भर नहीं रहती।

- यदि कोई हमें गलत समझे — हम शांत रहते हैं।
- यदि कोई आलोचना करे — हम स्थिर रहते हैं।
- यदि कोई हमें नज़रअंदाज़ करे — हम भीतर से शांत रहते हैं।

क्योंकि अब हम अपनी सच्चाई जानते हैं।

दूसरों के प्रति करुणा

दिलचस्प बात यह है कि जब हम स्वयं को समझे जाने की अपेक्षा छोड़ देते हैं, तब हम दूसरों को अधिक समझने लगते हैं। हम देखते हैं कि जैसे हम कभी भ्रम, असुरक्षा और संघर्ष से गुज़रे थे, वैसे ही दूसरे लोग भी अपनी यात्रा से गुजर रहे हैं। अब प्रतिक्रिया की जगह करुणा जन्म लेती है। हम लोगों को बदलने की कोशिश नहीं करते। हम उन्हें उनकी अवस्था में स्वीकार करना सीखते हैं और इससे संबंधों में सहजता आने लगती है।

आत्म-स्वीकृति की शक्ति

आंतरिक स्वतंत्रता का सबसे महत्वपूर्ण कदम है — स्वयं को स्वीकार करना। आत्म-स्वीकृति का अर्थ है:

- अपनी शक्तियों को स्वीकार करना
- अपनी कमजोरियों को स्वीकार करना
- अपनी गलतियों को स्वीकार करना
- अपनी विशिष्टता को स्वीकार करना

जब हम स्वयं को स्वीकार कर लेते हैं, तब हमें लगातार स्वयं को बचाव करने की आवश्यकता नहीं रहती।

- मन हल्का हो जाता है।
- ऊर्जा मुक्त होने लगती है।
- और भीतर शांति उत्पन्न होती है।

समझे जाने की आवश्यकता से मुक्ति

छठी कुंजी को एक सरल सत्य में समझा जा सकता है: आपको हर किसी द्वारा समझे जाने की आवश्यकता नहीं है। आपको केवल अपनी सच्चाई को समझने की आवश्यकता है। जब आप जानते हैं कि आप कौन हैं... आपके मूल्य क्या हैं... आपकी नीयत क्या है... तब बाहरी मान्यता की आवश्यकता समाप्त होने लगती है और धीरे-धीरे आपकी खुशी आत्म-निर्भर बन जाती है।

एक गहरा सत्य

अधिकांश लोग जीवनभर एक मौन अपेक्षा लेकर जीते हैं: "कोई तो मुझे समझे..." लेकिन सच्चाई यह है: कोई भी मनुष्य दूसरे मनुष्य को पूरी तरह नहीं समझ सकता। हर व्यक्ति अपनी मान्यताएँ, अनुभव और धारणाएँ के माध्यम से जीवन को देख रहा है। इसलिए यह अपेक्षा कि हर कोई हमें पूरी तरह समझे — स्वयं दुःख का कारण बन जाती है।

जब जागरूकता आती है

जैसे-जैसे जागरूकता बढ़ती है, एक गहरा परिवर्तन शुरू होता है। आप समझने लगते हैं:

- आपकी सच्चाई को स्वीकृति की आवश्यकता नहीं है
- आपकी कीमत प्रशंसा से बढ़ती नहीं
- आपकी कीमत आलोचना से घटती नहीं
- आपका मूल्य पहले से ही आपके भीतर मौजूद है।

जब यह समझ गहरी होती है:

- आप स्वयं को साबित करना छोड़ देते हैं
- अनावश्यक बात को आवश्यकता से अधिक समझाना बंद कर देते हैं
- दूसरों की सोच के बारे में ज़रूरत से ज़्यादा सोचना कम हो जाता है
- और धीरे-धीरे आपकी ऊर्जा वापस आपके भीतर लौटने लगती है।

वास्तविक आत्मविश्वास

जब आप बाहर स्वीकार्यता खोजने के बजाय भीतर से जीना शुरू करते हैं, तो एक शांत आत्मविश्वास जन्म लेता है।

- आप हल्के हो जाते हैं।
- अधिक वास्तविक हो जाते हैं।
- अधिक शांत हो जाते हैं।

और विरोधाभासी रूप से जब आप समझे जाने की कोशिश छोड़ देते हैं, तब लोग आपको अधिक समझने लगते हैं। जब आप प्रभावित करना छोड़ देते हैं, तब आपकी वास्तविकता आकर्षक बन जाती है। क्योंकि आत्मविश्वास दूसरों की स्वीकृति से नहीं आता। आत्मविश्वास स्वयं को जानने से आता है।

सारांश

- *सबसे बड़ा बंधन यह नहीं कि लोग आपको नहीं समझते... बल्कि यह है कि आपको उनकी समझ की आवश्यकता महसूस होती है।*
- *जब आपकी शांति दूसरों की राय पर निर्भर होती है, तब आप अपनी आंतरिक स्वतंत्रता खो देते हैं।*
- *आपको पूरी दुनिया द्वारा समझे जाने की आवश्यकता नहीं है — आपको स्वयं को समझने की आवश्यकता है।*
- *जो आत्मा अपनी सच्चाई जानती है, वह मान्यता नहीं खोजती।*
- *ज़रूरत से ज़्यादा सोचना, बात को आवश्यकता से अधिक समझाना और जल्दी आहत होना बाहरी स्वीकृति की चाह के संकेत हैं।*
- *निम्न चेतना पूछती है: "लोग क्या सोचेंगे?" उच्च चेतना जानती है: "मैं जानता हूँ कि मैं कौन हूँ।"*
- *जब आप अपनी सच्चाई में स्थिर हो जाते हैं, तब दुनिया धीरे-धीरे आपको स्वीकार करने लगती है।*
- *सत्य को सिद्ध करने की आवश्यकता नहीं होती — उसमें स्वयं प्रकट होने की शक्ति होती है।*
- *जिस क्षण आप स्वयं को स्वीकार कर लेते हैं, उसी क्षण दूसरों से स्वीकार्यता माँगना समाप्त हो जाता है।*
- *खुशी की छठी कुंजी सरल है: हर किसी को आपको समझने की आवश्यकता नहीं है — लेकिन आपको अपनी सच्चाई जाननी चाहिए।*

यात्रा से कुछ अनुभव

कई लोगों ने साझा किया कि जब उन्होंने भीतर परिवर्तन किया, तब उनके संबंध भी स्वाभाविक रूप से बदलने लगे।

एक प्रतिभागी ने कहा:

> "*"मेरे और मेरे पति के बीच अक्सर टकराव होता था। मैं हमेशा घबरा जाती थी कि वे मुझे समझेंगे नहीं। लेकिन इन सत्रों के बाद मैंने प्रतिक्रिया देना कम कर दिया। अब घर में शांति आने लगी है।"*"

एक अन्य प्रतिभागी ने कहा:

> "*"पहले मैं चाहता था कि हर कोई मुझे समझे। अब मैं समझ गया हूँ कि किसी को भी समझने की आवश्यकता नहीं है।"*"

ध्यान मार्गदर्शन 6

हर किसी द्वारा समझे जाने की ज़रूरत नहीं

अब अपना ध्यान भीतर की ओर ले जाएँ... अपने मन के भीतर मौजूद उस शांत स्थान को महसूस करें... विचार आते-जाते रह सकते हैं... केवल उन्हें देखें... शायद आपको जीवन के कुछ ऐसे क्षण याद आएँ जब आप चाहते थे कि कोई आपको समझे... कोई आपकी नीयत को समझे... आपके प्रयासों को पहचाने... आपकी भावनाओं को स्वीकार करे... उन क्षणों को धीरे-से याद करें... देखें कि मन कैसे स्वीकृति की प्रतीक्षा करता है... कैसे वह चाहता है कि कोई कहे: "तुम सही थे..." "मैं तुम्हें समझता हूँ..." "तुमने सही किया..." कुछ क्षण इस मानसिक आदत को केवल देखें... उसे जज मत करें... बस पहचानें... अब धीरे-धीरे अपनी जागरूकता को और भीतर ले जाएँ... धीरे से स्वयं से पूछें: मैं इन सभी विचारों से परे कौन हूँ? मैं केवल अपनी भूमिकाएँ नहीं हूँ... मैं दूसरों की राय नहीं हूँ... मैं दुनिया द्वारा दिए गए लेबल्स नहीं हूँ... मैं हर अनुभव के पीछे मौजूद मौन अस्तित्व हूँ... मैं आत्मा हूँ... शांति का स्वरूप...प्रकाश का स्वरूप... आंतरिक शक्ति का स्वरूप... अब कल्पना करें कि आपके माथे के मध्य में एक कोमल प्रकाश चमक रहा है... एक शांत प्रकाश-बिंदु... मौन... स्थिर... शक्तिशाली... यही आपका वास्तविक स्वरूप है... अनंत आत्मा... उसकी शांत उपस्थिति को महसूस करें... यह प्रकाश किसी की स्वीकृति पर निर्भर नहीं है... उसका मूल्य पहले से पूर्ण है... उसकी पवित्रता अछूती है... उसकी शांति स्वाभाविक है... अब भीतर एक सुंदर समझ को उभरने दें: मुझे अपनी सच्चाई के लिए दुनिया की मान्यता की आवश्यकता नहीं है... मेरी सच्चाई मेरे भीतर है... मेरी शांति मेरे भीतर है... मेरा मूल्य किसी की राय से तय नहीं होता... मैं पहले से पूर्ण हूँ... यदि गलत समझे जाने की कोई पुरानी याद सामने आए... केवल उसे देखें... उसे आकाश में गुजरते बादलों की तरह जाने दें... वे यादें आपको परिभाषित नहीं करतीं... आपकी सच्चाई स्थिर और अडिग है... अब महसूस करें कि भीतर स्वतंत्रता बढ़ रही है... स्वयं को साबित करने से स्वतंत्रता... हर बात समझाने से स्वतंत्रता... स्वीकृति खोजने से स्वतंत्रता...आपको कुछ साबित करने की आवश्यकता नहीं है... केवल स्वयं की स्वीकृति में विश्राम करें...अब मन ही मन धीरे-धीरे दोहराएँ: मैं जानता हूँ कि मैं वास्तव में कौन हूँ... मैं एक शांत और शक्तिशाली आत्मा हूँ... मैं मान्यता की आवश्यकता को छोड़ता हूँ... मुझे हर किसी द्वारा समझे जाने की आवश्यकता नहीं है... मेरी सच्चाई पर्याप्त है... मैं स्वयं को पूर्ण रूप से स्वीकार करता हूँ... मैं स्वतंत्र हूँ...

9

सातवाँ रहस्य : दूसरों से अपनी तुलना करना बंद करें

आज हम खुशी की सातवीं कुंजी में प्रवेश करते हैं—एक ऐसी सूक्ष्म लेकिन जीवन बदल देने वाली सच्चाई, जो अनगिनत लोगों की शांति हर दिन चुपचाप छीन लेती है। यह अध्याय उस आदत को उजागर करता है जो भीतर से खुशी को खा जाती है: **दूसरों से अपनी तुलना करना।** बहुत से लोग मानते हैं कि उनका दुःख परिस्थितियों के कारण है। कुछ सोचते हैं कि वे इसलिए दुखी हैं क्योंकि उनके पास पर्याप्त धन, सुंदरता, सफलता, प्रेम, पहचान या आध्यात्मिक प्रगति नहीं है। लेकिन अधिकांश दुःखों के पीछे एक छिपा हुआ कारण होता है—तुलना। जब तक मन स्वयं को दूसरों के आधार पर मापता रहेगा, तब तक खुशी स्थिर नहीं रह सकती। जब आपकी कीमत किसी और के जीवन पर निर्भर हो जाए, तब सच्ची शांति असंभव हो जाती है।

तुलना दर्द क्यों पैदा करती है?

जब भी आप किसी को देखकर सोचते हैं:

- वह मुझसे अधिक सफल है
- वह मुझसे अधिक आकर्षक है
- उसकी जिंदगी मुझसे आसान है
- उसका रिश्ता मुझसे बेहतर है
- वह आध्यात्मिक रूप से मुझसे आगे है

उसी क्षण भीतर कुछ सूक्ष्म घटता है। आप केवल उसे नहीं देख रहे होते, बल्कि अपनी ही कीमत को कम कर रहे होते हैं। तुलना के पीछे एक छिपा संदेश होता है: **"मैं जैसा अभी हूँ, उतना पर्याप्त नहीं हूँ।"** और यही विश्वास दुःख का बीज बन जाता है। फिर मन अपने ही एक काल्पनिक भविष्य के पीछे भागने लगता है, यह सोचकर कि शांति कहीं और है।

तुलना स्वयं का अपमान है

हर बार जब आप अपनी तुलना करके स्वयं को छोटा महसूस करते हैं, तब अनजाने में आप अपने अस्तित्व का अपमान करते हैं।आप भीतर ही भीतर स्वयं से कहते हैं:

- मैं पीछे हूँ
- मैं कम हूँ
- मुझमें कुछ कमी है
- मुझे और बनना होगा तभी मैं शांति के योग्य हूँ

धीरे-धीरे यह आत्मविश्वास को कमजोर करता है। आत्मसम्मान टूटने लगता है। भीतर अस्थिरता बढ़ती है। इसे गहराई से समझिए:

> *"तुलना स्वयं के प्रति हिंसा है। उस क्षण कोई और आपको चोट नहीं पहुँचा रहा होता। आपके अपने विचार ही आपको चोट पहुँचा रहे होते हैं।"*

तुलना अहंकार का खेल है

आत्मा कभी तुलना नहीं करती। आत्मा जानती है कि हर व्यक्ति अद्‌वितीय है। हर जीवन की यात्रा अलग है। हर मार्ग अपने दिव्य समय में खुलता है। तो फिर तुलना कौन करता है? अहंकार।

अहंकार लगातार पूछता है:

- मैं कहाँ खड़ा हूँ?
- कौन मुझसे आगे है?
- कौन पीछे है?
- लोग मुझे कैसे देखते हैं?
- मेरी स्थिति क्या है?

अहंकार अपनी पहचान तुलना और रैंकिंग में खोजता है। आत्मा केवल सत्य में विश्राम करती है। अहंकार श्रेष्ठ बनने की चाह रखता है या हीन होने से डरता है। आत्मा बस होती है।

तुलना के सामान्य क्षेत्र

1. धन और सफलता: मन घर, आय, व्यवसाय, यात्रा, जीवनशैली और सामाजिक स्थिति की तुलना करता है। फिर या तो ईर्ष्या पैदा होती है या अत्यधिक प्रभावित होना, दोनों ही आपको अपने केंद्र से दूर ले जाते हैं। **ईर्ष्या कहती है: "मेरे पास कमी है।" अत्यधिक प्रभावित होना कहता है: "वे मुझसे अधिक मूल्यवान हैं।" दोनों भ्रम हैं।**

2. रूप और बाहरी व्यक्तित्व: सुंदरता, शरीर, उम्र, ऊँचाई, पहनावा, फिटनेस... इन तुलनाओं से असुरक्षा, शर्म और "मैं पर्याप्त नहीं हूँ" की भावना पैदा होती है। शरीर एक युद्‌धभूमि बन जाता है क्योंकि मन अपनी आंतरिक कीमत भूल चुका होता है।

3. रिश्ते: कोई बहुत प्रेम पाता हुआ दिखाई देता है। कोई खुशहाल विवाह में दिखता है। किसी के बहुत मित्र होते हैं। फिर मन फुसफुसाता है:

- मेरे साथ ऐसा क्यों नहीं?
- मुझे ऐसा प्रेम क्यों नहीं मिलता?
- मेरी जिंदगी में क्या कमी है?

और सूक्ष्म पीड़ा शुरू हो जाती है।
4. प्रतिभा और उपलब्धियाँ: आप किसी और की प्रतिभा देखते हैं:

- आत्मविश्वास
- रचनात्मकता
- संवाद कौशल
- बुद्धिमत्ता
- अनुशासन
- करियर में प्रगति

फिर मन कहता है:

- मैं उतना अच्छा नहीं हूँ
- मेरे पास वह नहीं है
- मैं वहाँ कभी नहीं पहुँच पाऊँगा

मन भूल जाता है कि आपकी प्रतिभाएँ बस अलग हो सकती हैं।
5. आध्यात्मिक प्रगति: यह सबसे सूक्ष्म जाल है। मन कहता है:

- वे मुझसे अधिक ध्यान करते हैं
- वे अधिक जागृत हैं
- उनकी ऊर्जा अधिक ऊँची है
- वे मुझसे तेज़ प्रगति कर रहे हैं

याद रखिए: *आध्यात्मिक जागरण कोई प्रतियोगिता नहीं है। भीतरी शांति के लिए कोई ट्रॉफी नहीं मिलती।*

हर आत्मा की यात्रा अलग है

कोई भी दो आत्माएँ एक जैसी कर्म यात्रा नहीं लातीं। हर आत्मा के पास अलग होते हैं:

- सबक
- समय
- शक्तियाँ
- संघर्ष
- जिम्मेदारियाँ
- भूमिकाएँ

तुलना वैसी ही है जैसे गुलाब से पूछा जाए कि वह आम क्यों नहीं देता। हर चीज़ अपने तरीके से खिलती है। हर यात्रा अपने मौसम में खुलती है। कुछ आत्माएँ आराम से सीखती हैं। कुछ संघर्ष से। कुछ जल्दी जागती हैं। कुछ देर से। लेकिन हर मार्ग का अपना उद्देश्य होता है।

बाहरी चमक पूरी सच्चाई नहीं होती

दुनिया अक्सर केवल सतह दिखाती है:

- मुस्कान
- विलासिता
- सफलता
- फॉलोअर्स
- सुंदरता
- पहचान

लेकिन छिपाती है:

- चिंता
- भय
- अकेलापन
- खालीपन
- निजी संघर्ष
- भीतर के सबक

जो चमकदार दिखता है, वह हमेशा शांत नहीं होता। जो साधारण दिखता है, वह हमेशा कमी वाला नहीं होता। कभी भी अपनी अंदरूनी वास्तविकता की तुलना किसी और की बाहरी छवि से मत कीजिए।

जब तुलना उठे तो क्या करें?

उससे लड़िए मत। अपने आप से घृणा मत कीजिए। गिल्टी महसूस मत कीजिए। बस उसे देखिए। जब तुलना उठे, धीरे से देखें: **"यह मेरी सच्चाई नहीं है। यह केवल पुरानी मानसिक मानसिक प्रोग्रामिंग है।"** जागरूकता उस चीज़ को कमजोर कर देती है जिसे विरोध और मजबूत करता है। जैसे धूप में बर्फ पिघलती है, वैसे ही जागरूकता में तुलना पिघलने लगती है। हर बार जब आप उसे बिना पोषण दिए देखते हैं, तब आप अपनी ऊर्जा वापस पा लेते हैं।

अपनी वास्तविक पहचान में लौटिए

जब भी मन तुलना करके स्वयं को छोटा करने लगे, याद करें:

- मैं जैसा हूँ, पर्याप्त हूँ
- मेरी कीमत बाहरी चीजों से तय नहीं होती
- मेरा मार्ग अद्‌वितीय है
- मेरा समय पवित्र है
- मेरी आत्मा पूर्ण है
- बाहर कुछ भी मुझे परिभाषित नहीं करता

इन सत्यों को दोहराइए जब तक वे स्वाभाविक न लगने लगें। क्योंकि वे वास्तव में स्वाभाविक ही हैं। तुलना सीखी हुई है। पूर्णता आपकी मूल अवस्था है।

वास्तविक खुशी कहाँ मिलती है?

खुशी लौटती है जब ध्यान बदलता है:

- दूसरों से स्वयं की ओर
- तुलना से जुड़ाव की ओर
- प्रतिस्पर्धा से करुणा की ओर
- अहंकार से जागरूकता की ओर
- छवि से सार की ओर

तब खुशी दूसरों के पास क्या है, इस पर निर्भर नहीं रहती। वह भीतर से बहने लगती है। आप दूसरों की जिंदगी देखने वाले दर्शक नहीं रहते। आप अपनी जिंदगी जीना शुरू करते हैं।

सच्चा धन

सच्चा धन वहाँ से शुरू होता है जहाँ तुलना समाप्त होती है। जिसे हम अक्सर धन कहते हैं—पैसा, प्रतिष्ठा, वस्तुएँ—वह अधिकतर दूसरों की तुलना पर आधारित होता है। इसलिए वह कभी पूर्ण महसूस नहीं होता। भले ही आपके पास अधिक हो, मन पूछता रहता है: "क्या यह पर्याप्त है?"

सच्चा धन उस प्रश्न के समाप्त होने से शुरू होता है। यह कुछ जमा करने से नहीं, बल्कि कुछ समझने से आता है। यह बदलाव है: "मेरे पास क्या है?" से "मैं क्या हूँ, बिना कुछ और बने?" जब आप परिणामों पर अपनी शांति निर्भर करना छोड़ देते हैं, तब एक अलग प्रकार की समृद्धि प्रकट होती है। वह उत्साह नहीं, बल्कि पूर्णता होती है। एक शांत संतोष।

सच्चा धन है:

- भीतर की मजबूरी से स्वतंत्रता
- परिस्थितियों पर निर्भर न रहने वाली शांति
- स्वयं की स्पष्ट पहचान
- बिना खालीपन के संतोष

तब जीवन निष्क्रिय नहीं होता, बल्कि अधिक जीवंत हो जाता है। क्योंकि अब आपके कर्म कमी से नहीं, सत्य से आते हैं। यदि आप शांत बैठकर देखें, तो पाएँगे: **"मैं पर्याप्त नहीं हूँ" केवल एक विचार है, तथ्य नहीं।** और इसे स्पष्ट देख लेना ही वास्तविक समृद्धि की शुरुआत है।

दैनिक अभ्यास

दिनभर अपने मन को ध्यान से देखिए। जब भी तुलना उठे, रुकिए और कहिए: "उनका मार्ग उनका है। मेरा मार्ग मेरा है। मैं पर्याप्त हूँ।" गहरी साँस लीजिए। स्वयं में लौट आइए। इसे तब तक दोहराइए जब तक यह सत्य महसूस न होने लगे। फिर तब तक दोहराइए जब तक दोहराने की आवश्यकता ही न रहे।

चिंतन के प्रश्न

- मैं सबसे अधिक किस क्षेत्र में अपनी तुलना करता हूँ?
- तुलना उठने पर कौन-सी भावना आती है?

- उसके पीछे मेरे बारे में कौन-सा विश्वास छिपा है?
- मैंने अपने भीतर किन गुणों को अनदेखा किया है?

यदि मैं अपने मार्ग का पूर्ण सम्मान करूँ, तो जीवन कैसा महसूस होगा? जिस क्षण आप दूसरों को देखना छोड़ देते हैं, उसी क्षण आप स्वयं को स्पष्ट रूप से देखना शुरू कर देते हैं।

सारांश

- *तुलना वहीं शुरू होती है जहाँ आत्मसम्मान समाप्त होता है।*
- *जैसे ही आप स्वयं को दूसरों से मापते हैं, आप अपनी कीमत भूल जाते हैं।*
- *आपकी यात्रा की शांति तब खो जाती है जब उसे किसी और के मार्ग से तुलना की जाती है।*
- *तुलना अहंकार का खेल है; संतोष आत्मा का स्वभाव है।*
- *आपको दूसरों से प्रतिस्पर्धा करने के लिए नहीं, बल्कि अपनी अनोखी अभिव्यक्ति के लिए बनाया गया है।*
- *किसी और की सफलता आपकी कीमत कम नहीं करती।*
- *मन केवल सतहों की तुलना करता है; बुद्धि जानती है कि हर आत्मा की कहानी अलग है।*
- *जब आप दूसरों को देखना छोड़ देते हैं, तब स्वयं को खोजना शुरू करते हैं।*
- *खुशी वहीं बढ़ती है जहाँ तुलना समाप्त होकर कृतज्ञता शुरू होती है।*
- *आप उसी दिन पर्याप्त हो जाते हैं, जिस दिन आपको किसी और से यह सिद्ध कराने की आवश्यकता नहीं रहती।*

यात्रा से कुछ अनुभव

एक सहभागी ने साझा किया:

"“मैं हर किसी से अपनी तुलना करता था और स्वयं को कम समझता था। अब मैंने दूसरों को देखना छोड़ दिया है और स्वयं को खोजने लगा हूँ।”"

एक अन्य ने कहा:

"“अब मैंने समझा है कि मैं पर्याप्त हूँ। मुझे अपनी कीमत साबित करने के लिए किसी और की आवश्यकता नहीं।”"

एक लंबे समय से आध्यात्मिक मार्ग पर चल रहे साधक ने कहा:

"“मैं लगातार अपनी आध्यात्मिक प्रगति की तुलना दूसरों से करता था। अब मुझे अपनी यात्रा और स्वयं का सम्मान करना सीखना है।”"

ध्यान मार्गदर्शन 7

तुलना से मुक्ति

अपना ध्यान भीतर की ओर ले आइए। बाहरी दुनिया से थोड़ा दूर हटिए...और अपने भीतर की दुनिया में लौट आइए। आज मैं तुलना की आदत को छोड़ता हूँ। मैं प्रतिस्पर्धा के स्थान पर शांति को चुनता हूँ। कुछ क्षणों के लिए मन को देखिए...कैसे वह तुलना करता है...रूप की तुलना...उपलब्धियों की तुलना...धन की तुलना...रिश्तों की तुलना...सफलता और प्रतिष्ठा की तुलना...मन कहता है: "वे आगे हैं...मैं पीछे हूँ...उनके पास अधिक है...मेरे पास कम है...बस इन विचारों को देखिए। इनसे लड़िए मत। इनका न्याय मत कीजिए। केवल साक्षी बन जाइए। अब धीरे से स्वयं को याद दिलाइए: तुलना सीखी हुई है। यह मेरा वास्तविक स्वभाव नहीं है। मेरा वास्तविक स्वभाव शांति है। मेरा वास्तविक स्वभाव संतोष है। मेरा वास्तविक स्वभाव पूर्णता है। मुझे किसी और जैसा बनने के लिए नहीं बनाया गया। मुझे अपनी ही रोशनी को प्रकट करने के लिए बनाया गया है। अब कल्पना कीजिए कि आप एक सुंदर बगीचे में खड़े हैं। इस बगीचे में अनेक फूल हैं। कुछ गुलाब हैं...कुछ कमल हैं...कुछ चमेली हैं...कुछ सूरजमुखी हैं...हर फूल अलग है। हर फूल अपने समय में खिलता है। कोई किसी से तुलना नहीं करता। कोई स्वयं को छोटा नहीं समझता। कोई स्वयं को बड़ा नहीं समझता। हर फूल बस खिलता है। मैं यहाँ अपने ही तरीके से खिलने के लिए हूँ। मुझे किसी और जैसा बनने की आवश्यकता नहीं है। मुझे किसी और का जीवन नहीं चाहिए। मुझे किसी और का मार्ग नहीं चाहिए। मेरा मार्ग पवित्र है। मेरा समय पूर्ण है। मेरी यात्रा अद्वितीय है। अब अपने ध्यान में उस व्यक्ति को लाइए जिससे आप अक्सर अपनी तुलना करते हैं। उसे शांति के साथ देखिए। उसे करुणा के साथ देखिए। मन ही मन कहिए: तुम्हें आशीर्वाद मिले। अब स्वयं से कहिए: मुझे आशीर्वाद मिले। मैं आगे बढ़ूँ। मैं अपने दिव्य समय में सफल होऊँ। महसूस कीजिए कि तुलना करुणा में बदल रही है। ईर्ष्या प्रेरणा में बदल रही है। महसूस कीजिए कि दबाव शांति में बदल रहा है। अब धीरे-धीरे भीतर दोहराइए: मैं पर्याप्त हूँ। मैं पूर्ण हूँ। मैं जैसा हूँ, मूल्यवान हूँ। मैं अपने मार्ग का सम्मान करता हूँ। मैं दूसरों की सफलता का उत्सव मनाता हूँ बिना स्वयं को खोए। मैं कृतज्ञता से जीता हूँ। मैं भीतर की समृद्धि से जीता हूँ। अपने हृदय में हल्कापन महसूस कीजिए। अपने मन में स्वतंत्रता महसूस कीजिए। अपने अस्तित्व में गरिमा महसूस कीजिए। और आज इस सत्य को अपने साथ लेकर चलिए: जब दूसरे चमकते हैं, तब मेरा कुछ नहीं खोता। जब मैं अपनी रोशनी का सम्मान करता हूँ, तब मैं सब कुछ पा लेता हूँ।

10

आठवाँ रहस्य : स्वयं के साथ सम्मान और करुणा से व्यवहार करें

हर व्यक्ति खुशी, शांति और भीतर के आनंद को चाहता है। हम जानते हैं कि आत्मा का मूल स्वभाव आनंदमय है। फिर भी कई बार हम बेचैनी, दुःख, असंतोष या भावनात्मक भारीपन महसूस करते हैं। अक्सर इसका कारण बाहरी दुनिया नहीं होती—
बल्कि वे विचार होते हैं जो भीतर चुपचाप हमारी शक्ति चुरा रहे होते हैं। अब तक हमने मन के कई "चोरों" को पहचाना है:

- भय
- तुलना
- बीते हुए पछतावे
- भविष्य की चिंता
- असुरक्षा
- क्रोध
- अपेक्षाएँ
- सब कुछ नियंत्रित करने की चाह

लेकिन एक और छिपा हुआ चोर है, जिसे बहुत लोग पहचान ही नहीं पाते। वह चोर है: **आप स्वयं से कैसे बात करते हैं?** बहुत लोग दूसरों से विनम्रता से बात करते हैं। लेकिन वे स्वयं से कैसे बात करते हैं?

- मैं बेवकूफ हूँ
- मुझसे कुछ सही नहीं होता
- मैं हमेशा असफल रहता हूँ
- मैं पर्याप्त अच्छा नहीं हूँ
- मैं जीवन में पीछे हूँ
- मैं बेकार हूँ
- मैं कभी नहीं बदल सकता

ये केवल साधारण विचार नहीं हैं। ये आपकी अपनी ऊर्जा पर मौन आक्रमण हैं। हर बार जब आप भीतर ये वाक्य दोहराते हैं, तब आप अपने आत्मविश्वास को कमजोर करते हैं, अपनी संभावनाओं को छोटा करते हैं और अपनी वास्तविक आध्यात्मिक पहचान को ढक देते हैं।

आपकी आंतरिक भाषा ही आपकी ऊर्जा बन जाती है

आप स्वयं से जिस प्रकार बात करते हैं, वही आपकी ऊर्जा और कंपन बन जाती है। यदि आपकी भीतर की आवाज कठोर है:

- आत्मविश्वास गिरता है
- भय बढ़ता है
- निर्णय कमजोर हो जाते हैं
- खुशी कम हो जाती है
- आत्म-मूल्य घटने लगता है

लेकिन यदि भीतर की आवाज करुणामयी है:

- शांति बढ़ती है
- आत्मविश्वास लौटता है
- स्पष्टता आती है
- शक्ति जागती है
- खुशी स्वाभाविक रूप से बहने लगती है

बाहरी दुनिया को बदलने से पहले, भीतर की भाषा को बदलिए।

हम दूसरों का सम्मान करते हैं, स्वयं का नहीं

हमें सिखाया गया:

- दूसरों को चोट मत पहुँचाओ
- विनम्रता से बोलो
- सम्मान दो
- दयालु बनो

लेकिन क्या हमें यह सिखाया गया:

- स्वयं का अपमान मत करो
- स्वयं को भावनात्मक दंड मत दो
- अपने मन से प्रेमपूर्वक बात करो

- अपने प्रयास की सराहना करो

बहुत लोग पूरी दुनिया के प्रति करुणामय होते हैं, सिवाय स्वयं के। यह आध्यात्मिक परिपक्वता नहीं है।

कठोर आत्म-वार्ता का नुकसान

जब हम लगातार स्वयं की आलोचना करते हैं: आत्मविश्वास कमजोर हो जाता है, हम अपनी क्षमताओं पर संदेह करने लगते हैं। अंतर्ज्ञान दब जाता है, भीतर की शांति और उच्च मार्गदर्शन शोर में खो जाता है। खुशी कम हो जाती है, मन केवल कमियों पर केंद्रित रहने लगता है। शरीर भी प्रभावित होता है, तनाव, भारीपन, थकान और बीमारियाँ बढ़ सकती हैं। कर्म भीतर भी लौटता है, जो आप स्वयं के साथ करते हैं, उसका प्रभाव भी लौटकर आता है।

वास्तविक आत्म-सम्मान क्या है?

आत्म-सम्मान अहंकार नहीं है। यह यह कहना नहीं है कि "मैं दूसरों से बेहतर हूँ।" इसका अर्थ है समझना:

- मेरा मूल्य है
- मैं सीख रहा हूँ
- मैं विकसित हो रहा हूँ
- मैं योग्य हूँ
- मेरी आत्मा पूर्ण है
- मेरा मन अभी प्रशिक्षण में है

वाक्य बदलिए, जीवन बदल जाएगा

पुराना विचार: "मैं हमेशा असफल रहता हूँ।" नया विचार: "इस बार मैं सफल नहीं हुआ, लेकिन मैंने कुछ महत्वपूर्ण सीखा।"

पुराना विचार: "मैं कमजोर हूँ।" नया विचार: "शक्ति पहले से ही मेरे भीतर है।"

पुराना विचार: "मैं सबसे पीछे हूँ।" नया विचार: "हर आत्मा का अपना दिव्य समय होता है।"

पुराना विचार: "मैं बहुत भावुक हूँ।" नया विचार: "मैं संवेदनशील हूँ, और संवेदनशीलता बुद्धि बन सकती है।"

केवल परिणाम नहीं, प्रयास की भी सराहना करें

बहुत लोग केवल परिणामों को महत्व देते हैं। लेकिन आत्म-मूल्य तब बढ़ता है जब प्रयास का सम्मान किया जाता है।

- यदि भोजन जल गया— फिर भी आपने प्रयास किया।
- यदि कार्य अधूरा रह गया— फिर भी आपने मेहनत की।
- यदि आप गिर गए— फिर भी आप दोबारा उठे।

स्वयं से कहिए: "**मेरा प्रयास महत्वपूर्ण है।**"

दुनिया वही लौटाती है जो आप स्वयं को देते हैं

बहुत लोग कहते हैं: मेरा परिवार मेरा सम्मान नहीं करता, मेरा साथी मुझे महत्व नहीं देता, मेरे बच्चे मेरी अनदेखी करते हैं, समाज मेरी सराहना नहीं करता लेकिन पहले स्वयं से पूछिए: **क्या मैं स्वयं का सम्मान करता हूँ?** अक्सर दुनिया वही प्रतिबिंबित करती है जो व्यवहार हम स्वयं के साथ करते हैं।

गलतियों के बाद क्या करें?

बहुत लोग हर गलती के बाद स्वयं को दंड देते हैं:

- मैंने सब खराब कर दिया
- मैं निकम्मा हूँ
- मैं कभी नहीं सीखूँगा

इसके स्थान पर कहिए:

- मैंने गलती की है, और मैं उससे सीख सकता हूँ
- मैं अभी सीख रहा हूँ
- मैं स्वयं के साथ खड़ा हूँ
- मैं फिर प्रयास करूँगा

स्वयं से प्रेम करना सीखिए

आपको स्वयं से प्रेम करना सीखना होगा। आपको स्वयं से सम्मानपूर्वक बात करना सीखना होगा। आपको अपने ही मन का वातावरण बदलना होगा। दूसरों की प्रशंसा करने से पहले, स्वयं की सराहना कीजिए। दूसरों की पूजा करने से पहले, अपनी आत्मा का सम्मान कीजिए। क्योंकि जब भीतर आत्म-सम्मान जागता है, तब मन के चोर धीरे-धीरे गायब होने लगते हैं। और तब भीतर का ताला खुलता है—

- शांति
- आनंद
- गरिमा
- सच्ची खुशी

रात का अभ्यास

सोने से पहले दिन का अंत आलोचना से मत कीजिए। यह कहने के बजाय: आज कुछ भी सही नहीं हुआ, मैं फिर असफल हो गया, मैं कभी नहीं बदलूँगा। कहिए: *मैंने आज अपना सर्वश्रेष्ठ दिया, मैं सीख रहा हूँ, मैं आगे बढ़ रहा हूँ, मैं स्वयं के साथ हूँ।*

दैनिक अभ्यास

दिनभर ध्यान दीजिए: कौन-से विचार आपको छोटा महसूस कराते हैं? उन्हें लिखिए। फिर हर विचार को सत्य से बदल दीजिए।

चोर विचारः "मैं पीछे हूँ।" ***सत्य विचारः** "मेरी यात्रा की अपनी गति है।"*

चोर विचारः "मैं कमजोर हूँ।" ***सत्य विचारः** "शक्ति मेरे भीतर रहती है।"*

चोर विचारः "मैं यह नहीं कर सकता।" ***सत्य विचारः** "मैं सीख सकता हूँ और बढ़ सकता हूँ।"*

चोर विचारः "मैं पर्याप्त नहीं हूँ।" ***सत्य विचारः** "मेरे भीतर पहले से मूल्य है।"*

सारांश

- *आप स्वयं से जैसे बात करते हैं, जीवन भी वैसे ही आपको उत्तर देता है।*
- *दुनिया से सम्मान पाने से पहले, स्वयं का सम्मान करना सीखिए।*
- *आपकी भीतर की आवाज या तो आपकी सबसे बड़ी उपचारक बन सकती है या सबसे गहरी चोट।*
- *स्वयं के प्रति हर कठोर विचार आपकी थोड़ी शांति चुरा लेता है।*
- *आत्म-सम्मान अहंकार नहीं, बल्कि अपने वास्तविक मूल्य को याद करना है।*
- *मन स्वर्ग भी बन सकता है और नरक भी—यह इस पर निर्भर करता है कि आप स्वयं से कैसे बात करते हैं।*
- *जब आप अपने प्रयास का सम्मान करते हैं, आत्मविश्वास स्वाभाविक रूप से बढ़ने लगता है।*
- *आत्म-आलोचना को आत्म-जागरूकता से बदल दीजिए, दर्द शक्ति में बदल जाएगा।*
- *दूसरों को आशीर्वाद देने से पहले, अपनी आत्मा को आशीर्वाद देना सीखिए।*

यात्रा की आवाज़ें

शायद सबसे गहरा परिवर्तन स्वयं को मूल्य देना सीखना था।

एक सहभागी ने आँसुओं के साथ कहा:

> *"“मैं हर किसी से अपनी तुलना करता था और स्वयं को कम समझता था। इन सत्रों ने मुझे दिखाया कि मैं पहले से ही पूर्ण था।”"*

एक अन्य ने कहा:

> *"“मैं भूल गया था कि स्वयं से प्रेम कैसे किया जाता है। मुझे केवल कर्तव्य, त्याग और अपराधबोध ही पता था।”"*

किसी ने बहुत सुंदरता से कहा:

> *"“मैंने वर्षों तक दूसरों की सेवा की, लेकिन कभी स्वयं को दया और प्रेम नहीं दिया।”"*

ध्यान मार्गदर्शन 8

स्वयं से प्रेमपूर्वक बात करें

धीरे-धीरे अपना ध्यान भीतर की ओर ले आइए... दुनिया के शोर से थोड़ा दूर हो जाइए... और अपने भीतर के पवित्र स्थान में प्रवेश कीजिए... मैं स्वयं के प्रति जागरूक होता हूँ... मैं यह भूमिका नहीं हूँ... मैं यह शरीर नहीं हूँ... मैं वे लेबल नहीं हूँ जिन्हें मैंने वर्षों तक ढोया... मैं एक शांत अस्तित्व हूँ... प्रकाश का एक जीवित बिंदु... गरिमा से भरी एक आत्मा... अब मैं उन विचारों को देखता हूँ - जो मैंने स्वयं से कहे थे... वे क्षण जब मैंने कहा: "मैं पर्याप्त नहीं हूँ...", "मैं हमेशा असफल होता हूँ...", "मैं कमजोर हूँ...", "मैं यह नहीं कर सकता..." आज... मैं स्पष्ट रूप से देखता हूँ... वे विचार कभी मेरी सच्चाई नहीं थे... वे केवल गुजरते हुए बादल थे... वे सीखी हुई आवाजें थीं... वे पुराने मानसिक पैटर्न थे... लेकिन मैं उन सब से बड़ा हूँ... अब मैं अपने भीतर एक नई भाषा चुनता हूँ... मैं स्वयं से प्रेमपूर्वक बात करता हूँ... मैं स्वयं से धैर्यपूर्वक बात करता हूँ... मैं स्वयं से सम्मान के साथ बात करता हूँ... मैं स्वयं से कहता हूँ: मैं सीख रहा हूँ... मैं विकसित हो रहा हूँ... मैं भीतर से ठीक हो रहा हूँ... मैं योग्य हूँ... मैं इस क्षण पर्याप्त हूँ... हर श्वास मुझे आत्म-सम्मान से भर रही है... हर श्वास आत्म-आलोचना को छोड़ रही है... मैं अपनी हर गलती के लिए स्वयं को क्षमा करता हूँ... मैं अपने हर प्रयास के लिए स्वयं को आशीर्वाद देता हूँ... मैं यहाँ तक आने के लिए स्वयं की सराहना करता हूँ... अब मैं अपने चारों ओर एक कोमल प्रकाश महसूस करता हूँ... यह प्रकाश शांति है... यह प्रकाश प्रेम है... यह प्रकाश मेरी मूल सच्चाई है... यहाँ कोई कठोर विचार टिक नहीं सकता... यहाँ केवल करुणा रहती है... यहाँ केवल सत्य रहता है... यहाँ केवल शक्ति रहती है... अब मैं भीतर एक मौन संकल्प लेता हूँ... आज से... मैं स्वयं का मित्र बनूँगा... मैं अपनी आंतरिक शांति की रक्षा करूँगा... मैं स्वयं से प्रेम से बात करूँगा... मैं मूल्यवान हूँ... मैं शक्तिशाली हूँ... मैं आशीर्वादित हूँ... कुछ क्षण इस मौन में ठहरिए... उपचार को महसूस कीजिए... कोमलता को महसूस कीजिए... भीतर की शक्ति को महसूस कीजिए...

11

नौवाँ रहस्य : अपनी आंतरिक ऊर्जा की रक्षा करना

आज हम सच्ची खुशी का नौवाँ रहस्य तक पहुँचते हैं — अपनी आंतरिक ऊर्जा की रक्षा करना सीखना। बहुत लोग वर्षों तक खुशी खोजते रहते हैं, लेकिन अनजाने में हर दिन अपनी शांति को खोते रहते हैं। वे परिस्थितियों को दोष देते हैं... कठिन लोगों को... परिवार को... काम के दबाव को... समाज को... लेकिन गहरी सच्चाई यह है: आपकी खुशी अक्सर बाहर से नहीं छीनी जाती। वह भीतर से धीरे-धीरे रिसती रहती है। हमें केवल लोगों का व्यवहार नहीं थकाता... बल्कि यह कि हम अनजाने में उनकी ऊर्जा को अपने भीतर प्रवेश करने देते हैं।

शांति की अदृश्य चोरी

कुछ लोग, वातावरण और परिस्थितियाँ स्वाभाविक रूप से भारी महसूस होती हैं। कुछ लोग हमेशा शिकायत करते रहते हैं। कुछ हर चीज़ की आलोचना करते हैं। कुछ जहाँ जाते हैं वहाँ नाटक और तनाव पैदा करते हैं। कुछ गपशप, भावनात्मक नियंत्रण या भय फैलाते हैं। लेकिन असली खतरा उनका व्यवहार नहीं है। असली खतरा तब शुरू होता है जब उनकी ऊर्जा आपके भीतर प्रवेश कर जाती है।

जब किसी और की नकारात्मकता आपके: विचार, मनोदशा, साँसों, शरीर के तनाव, भावनात्मक स्थिति को बदल देती है, तब आपकी ऊर्जा प्रभावित हो चुकी होती है। बहुत लोग हर दिन ऐसे जीते हैं और ध्यान भी नहीं देते। एक बातचीत पूरा सुबह खराब कर देती है। एक आलोचना घंटों तक मन को परेशान करती है। एक नकारात्मक व्यक्ति पूरे दिन दिमाग में घूमता रहता है। इसीलिए जागरूकता आवश्यक है।

बाहरी चोर और आंतरिक चोर

खुशी चुराने वाले दो प्रकार के चोर होते हैं।

1. बाहरी चोर- ये बाहरी प्रभाव हैं, जैसे:

- लगातार शिकायत करने वाले लोग
- गपशप करने वाले
- अत्यधिक नकारात्मक लोग
- भावनात्मक रूप से नियंत्रित करने वाले
- सीमाओं का सम्मान न करने वाले
- नाटक पैदा करने वाले
- हर समय आलोचना करने वाले

2. आंतरिक चोर- ये और भी शक्तिशाली होते हैं:

- अत्यधिक सोचना
- हर बात को व्यक्तिगत लेना
- अपराधबोध
- सबको ठीक करने की कोशिश
- अस्वीकृति का डर
- स्वयं की आलोचना
- भावनात्मक निर्भरता
- सीमाओं की कमी
- दूसरों की भावनाओं को अपने भीतर ले लेना

बाहरी चोर तभी प्रवेश करते हैं जब भीतर कमजोरी का दरवाज़ा खुला हो। यदि दरवाज़ा बंद है, तो चोरी नहीं हो सकती।

कुछ लोग हमें अधिक प्रभावित क्यों करते हैं?

आपने देखा होगा कि एक ही कठिन व्यक्ति किसी को बहुत परेशान कर देता है, जबकि दूसरा शांत बना रहता है। ऐसा क्यों?क्योंकि प्रभाव हमारी आंतरिक स्थिरता पर निर्भर करता है। जिस व्यक्ति में: आत्म-जागरूकता, आंतरिक मजबूती, भावनात्मक स्पष्टता होती है, वह केंद्रित रहता है। लेकिन जिसकी सीमाएँ कमजोर हों या भीतर पुराने घाव हों, वह सब कुछ भीतर खींच लेता है।समस्या हमेशा बाहर के व्यक्ति में नहीं होती। कई बार समस्या भीतर की खुली कमजोरी में होती है।

करुणा रखें, लेकिन स्वयं को खोए बिना

बहुत से आध्यात्मिक साधक एक सामान्य गलती करते हैं। वे मानते हैं: प्रेम का अर्थ है सबका दर्द उठाना, दयालुता का अर्थ है हमेशा सुनते रहना, आध्यात्मिकता का अर्थ है हर व्यवहार सहन करना। यह बुद्धिमत्ता नहीं है। सच्ची करुणा का अर्थ यह नहीं कि आप किसी के साथ डूब जाएँ। आप किसी डूबते व्यक्ति को बचा नहीं सकते यदि आप स्वयं सुरक्षित नहीं हैं। प्रेम को जागरूकता के साथ होना चाहिए। करुणा को सीमाओं के साथ संतुलित होना चाहिए। अपनी शांति की रक्षा के दो तरीके:

1. जहाँ आवश्यक हो, दूरी बनाइए: हर संबंध आपके मन तक असीमित पहुँच का अधिकारी नहीं है। यदि कोई व्यक्ति बार-बार: आपकी ऊर्जा गिराता है, आपका अनादर करता है, आपकी शांति छीनता है तो स्वस्थ दूरी आवश्यक हो सकती है। दूरी का अर्थ हमेशा रिश्ता तोड़ना नहीं होता। कभी-कभी इसका अर्थ होता है: कम भावनात्मक जुड़ाव, छोटी बातचीत, कम सफाई देना मन में बार-बार उन्हें न दोहराना।

2. **जहाँ दूरी संभव न हो, वहाँ भीतर शक्ति बनाइए:** कुछ लोगों से बचना संभव नहीं होता: परिवार, बॉस, सहकर्मी, पड़ोसी, दैनिक वातावरण। ऐसी स्थिति में समाधान भागना नहीं है। समाधान है — भीतर मजबूत बनना। बाहर उपस्थित रहिए, लेकिन भीतर अप्रभावित रहना सीखिए।

साक्षी बनिए

जब कोई नकारात्मक व्यवहार कर रहा हो, तो तुरंत उसकी भावना में मत बह जाइए। उसे देखिए। उसकी आवाज़... शब्द... चेहरे के भाव... व्यवहार... ऐसे देखिए जैसे कोई नाटक चल रहा हो। इससे उसकी ऊर्जा और आपकी चेतना के बीच दूरी बनती है। साक्षी स्वतंत्र रहता है।

शरीर के संकेतों को पहचानिए

शरीर अक्सर पहले जान जाता है जिसे मन बाद में स्वीकार करता है। जब कोई आपकी ऊर्जा गिराता है, ध्यान दीजिए:

- सीने में कसाव
- तेज धड़कन
- चिड़चिड़ापन
- अचानक थकान
- बेचैनी
- मानसिक भारीपन

ये संकेत हैं। उन्हें अनदेखा मत कीजिए। जागरूक बनिए।

जागरूकता की ढाल

कल्पना कीजिए कि आपके चारों ओर सफेद या सुनहरी रोशनी का एक घेरा है। अपने आपको उसके भीतर स्थिर महसूस कीजिए। यह अंधविश्वास नहीं है। यह मन को प्रशिक्षित करने का प्रतीकात्मक अभ्यास है। आप अपनी चेतना को सिखा रहे हैं: "मैं उपस्थित रह सकता हूँ बिना सब कुछ भीतर लिए।" भीतर दोहराइए:

- मैं सुरक्षित हूँ
- मैं शांति हूँ
- मुझे यह भार उठाने की आवश्यकता नहीं

- उनकी स्थिति उनकी है
- मेरी सच्चाई अप्रभावित है

हर किसी को बदलने की कोशिश बंद कीजिए

ऊर्जा का सबसे बड़ा रिसाव है — उन लोगों को बदलने की कोशिश करना जो बदलना ही नहीं चाहते। बहुत लोग अपने: नाटक,दर्द, शिकायतों, आदतों से जुड़े रहते हैं। उनकी पहचान उन्हीं पर टिकी होती है। यदि कोई व्यक्ति उपचार नहीं चाहता, तो उस पर उपचार थोपना केवल आपको थका देगा। जब बुलाया जाए तब मार्गदर्शन दीजिए। जहाँ उचित हो वहाँ सहायता कीजिए। लेकिन किसी अनिच्छुक मन को बचाने के लिए अपनी शांति का बलिदान मत दीजिए।

वास्तविक परिपक्वता

सबसे दूर भाग जाना परिपक्वता नहीं है। अव्यवस्था के बीच शांत रहना ही परिपक्वता है। एकांत में मौन रहना आसान है। शोर के बीच मौन रहना साधना है। सच्ची खुशी के लिए सुरक्षा आवश्यक है। डर की दीवारें नहीं। ठंडापन नहीं। अलगाव नहीं। बल्कि:

- बुद्धिमान सीमाएँ
- आंतरिक स्थिरता
- जागरूक उपस्थिति

जब आपकी ऊर्जा सुरक्षित रहती है, तब खुशी स्थिर रहने लगती है। जब मन केंद्रित रहता है, तब कोई चोर आपकी शांति नहीं चुरा सकता।

दैनिक अभ्यास

दिनभर स्वयं से पूछिए:

- कौन-सी चीज़ मेरी ऊर्जा सबसे अधिक गिराती है?
- कौन-से लोग मुझे भारी छोड़ जाते हैं?
- कौन-से विचार मेरी शांति चुराते हैं?
- मैं कहाँ अनावश्यक रूप से अपनी ऊर्जा खो रहा हूँ?
- मुझे कहाँ मजबूत सीमाएँ चाहिए?

जागरूकता ही उपचार की शुरुआत है।

चिंतन

आज एक ऐसी आदत या परिस्थिति चुनिए जो आपकी ऊर्जा गिराती है — भीतर की या बाहर की। और अपनी ऊर्जा की रक्षा शुरू कीजिए। संभव है कि यह एक परिवर्तन वर्षों के प्रयास से अधिक खुशी लौटा दे।

सारांश

- *आपकी खुशी अक्सर बाहर से नहीं छीनी जाती; वह भीतर से रिसती है।*
- *बाहरी नकारात्मकता वहीं प्रवेश करती है जहाँ आंतरिक सीमाएँ कमजोर हों।*
- *हर व्यक्ति आपकी शांति तक असीमित पहुँच का अधिकारी नहीं है।*
- *करुणा का अर्थ किसी और का दर्द उठाना नहीं है।*
- *वास्तविक शक्ति अव्यवस्था के बीच शांत बने रहना है।*
- *आप दूसरों को उनकी भावनाओं में डूबकर नहीं बचा सकते।*
- *जो आपको थकाता है, उसे जागरूकता चाहिए — आसक्ति नहीं।*
- *जब आप सबको ठीक करने की कोशिश छोड़ते हैं, तब शांति बढ़ती है।*
- *परिपक्व आत्मा हर ऊर्जा को अपने भीतर नहीं लेती।*
- *अपने भीतर की दुनिया की रक्षा कीजिए, फिर बाहरी परिस्थितियाँ अपनी शक्ति खो देंगी।*

यात्रा की आवाज़ें

बीस वर्षों से आध्यात्मिक अध्ययन कर रहे एक सहभागी ने कहा:

> *""मैंने बहुत शिक्षाएँ सुनी थीं, लेकिन किसी ने यह व्यावहारिक रूप से नहीं दिखाया था कि खुशी वास्तव में कैसे चोरी होती है।""*

एक अन्य ने कहा:

> *"“मैं वर्षों से ‘शांत रहो’ सुनता आया था। लेकिन अब समझ आया कि शांत कैसे बना जाए।” इस यात्रा ने विचारों को अनुभव में बदल दिया।"*

एक सैन्य अधिकारी ने साझा किया:

> *"“पदोन्नति की चिंता, सहकर्मियों से तुलना, मन का द्‌वेष — इन सबने मेरे हृदय को भर दिया था। अब मैं देख पा रहा हूँ कि हर व्यक्ति केवल अपनी भूमिका निभा रहा है।”"*

ध्यान मार्गदर्शन 9

अपनी आंतरिक ऊर्जा की रक्षा करना

धीरे-धीरे अपना ध्यान भीतर की ओर ले आइए... माथे के पीछे उस शांत स्थान को महसूस कीजिए... जागरूकता की उस मौन सीट को... जहाँ विचार उठते हैं और फिर विलीन हो जाते हैं... आज मैं एक गहरी सच्चाई को याद करता हूँ: मेरी ऊर्जा मूल्यवान है। मेरी शांति पवित्र है। मेरी खुशी सुरक्षा के योग्य है। जीवन में कई बार मैंने सोचा कि दूसरे लोग मुझे परेशान कर रहे हैं... लोगों के शब्द... उनका व्यवहार...उनकी मनःस्थिति... शिकायतें...क्रोध...अपेक्षाएँ... लेकिन अब मैं स्पष्ट रूप से देखता हूँ: मेरी अनजानी अनुमति के बिना कोई भी मेरी आंतरिक दुनिया में प्रवेश नहीं कर सकता। मैं रुकता हूँ... मैं गहरी साँस लेता हूँ... मैं स्वयं में लौट आता हूँ... मैं यहाँ हर भावना को उठाने के लिए नहीं हूँ... मैं यहाँ हर भय, हर निराशा, हर नाटक को अपने भीतर लेने के लिए नहीं हूँ... मैं यहाँ केंद्रित रहने के लिए हूँ... मैं यहाँ जागरूक रहने के लिए हूँ... मैं यहाँ हल्का बने रहने के लिए हूँ... अब कल्पना कीजिए कि एक कोमल सफेद प्रकाश आपको चारों ओर से घेरे हुए है... आपके शरीर के चारों ओर... आपके मन के चारों ओर... आपकी भावनात्मक ऊर्जा के चारों ओर... एक शांत, प्रकाशमय आभा... यह प्रकाश भय की दीवार नहीं है। यह बुद्धिमत्ता की सीमा है। केवल प्रेम ही यहाँ प्रवेश कर सकता है... केवल सत्य ही भीतर आ सकता है... केवल शांति ही यहाँ रह सकती है... जो भी भारी है...वह वहीं लौट जाता है जहाँ से आया है... जो भी नकारात्मक है... वह इस सीमा के बाहर ही विलीन हो जाता है... जो भी अराजक है... वह आपके केंद्र को छू नहीं सकता...और उस केंद्र में... आप स्थिर रहते हैं...आप स्पष्ट रहते हैं...आप अप्रभावित रहते हैं... अब किसी ऐसे व्यक्ति या परिस्थिति को याद कीजिए जो अक्सर आपकी ऊर्जा गिरा देती है... उसे अपने सामने देखिए... लेकिन इस बार प्रतिक्रिया मत दीजिए... बस देखिए... उनकी अपनी यात्रा है... उनके अपने संस्कार हैं... उनके अपने सबक हैं... और मेरी अपनी यात्रा है... अब भीतर से कहिए: मैं उन्हें ठीक करने की आवश्यकता को छोड़ता हूँ... मैं उनका भार उठाने की आवश्यकता को छोड़ता हूँ... मैं उनसे प्रभावित होने की आवश्यकता को छोड़ता हूँ... मैं शांति को चुनता हूँ। अब मन ही मन दोहराइए: मैं सुरक्षित हूँ... मैं केंद्रित हूँ... मैं प्रकाश हूँ... जो मेरा नहीं है, मैं उसे अपने भीतर नहीं लेता... मेरी सच्चाई अप्रभावित रहती है... महसूस कीजिए कि आपकी साँसें गहरी हो रही हैं... महसूस कीजिए कि आपका मन विशाल और खुला हो रहा है... महसूस कीजिए कि आपकी भावनात्मक ऊर्जा स्वच्छ और शांत हो रही है...

12

दसवाँ रहस्य : धन की गाँठ – कमी की मानसिकता से मुक्ति

बहुत लोगों के लिए खुशी गहराई से धन से जुड़ी होती है। कुछ मानते हैं कि वे तभी खुश होंगे जब वे अधिक कमाएँगे। कुछ जो उनके पास है उसे खोने से डरते हैं। कुछ खर्च करने में अपराधबोध महसूस करते हैं... कुछ कमाने में शर्म महसूस करते हैं... कुछ बचत को लेकर चिंतित रहते हैं... और कुछ उन लोगों से ईर्ष्या करते हैं जो उनसे अधिक संपन्न दिखाई देते हैं। धन स्वयं समस्या नहीं है। असल समस्या है – **धन के प्रति मन में बनी हुई छिपी हुई** गाँठ। वे विश्वास... भय... असुरक्षाएँ... और भावनात्मक प्रतिक्रियाएँ... जो हर दिन चुपचाप हमारी शांति चुरा लेती हैं। यह अध्याय उसी गाँठ को पहचानने और उससे मुक्त होने के बारे में है।

खुशी का अदृश्य चोर

बहुत लोग सुबह उठते हैं और रात को सोते हैं धन से जुड़े विचारों के साथ:

- क्या मेरे पास पर्याप्त है?
- अगर कुछ गलत हो गया तो?
- अगर मेरी आय चली गई तो?
- अगर दूसरे मुझसे आगे निकल गए तो?
- भविष्य के खर्च कैसे संभालूँगा?
- क्या मैं पर्याप्त सफल हूँ?

ये विचार अक्सर भीतर चुपचाप चलते रहते हैं। ज़रूरतें पूरी होने के बाद भी मन बेचैन बना रहता है। धन को लेकर चिंता केवल कमी से नहीं आती। यह अक्सर मानसिक प्रोग्रामिंग से आती है। शायद आपको बचपन से सिखाया गया:

- जीवन संघर्ष है
- पैसा बहुत कठिनाई से मिलता है
- आराम करना खतरनाक है
- अमीर लोग स्वार्थी होते हैं
- अपनी कीमत माँगना गलत है
- खर्च करना गैर-जिम्मेदारी है
- कभी पर्याप्त नहीं होता

ये विश्वास धीरे-धीरे अदृश्य जेल बन जाते हैं। पैसा केवल मुद्रा नहीं है पैसा केवल नोट, सिक्के, बैंक बैलेंस या संपत्ति नहीं है। यह भावनात्मक अर्थ भी है। किसी के लिए पैसा सुरक्षा है। किसी के लिए प्रतिष्ठा। किसी के लिए स्वतंत्रता। किसी के लिए भय। इसीलिए समान आय वाले दो लोग बिल्कुल अलग महसूस कर सकते हैं। एक व्यक्ति कृतज्ञ और समृद्ध महसूस करता है। दूसरा गरीब और चिंतित। इसलिए समृद्धि पहले बाहरी नहीं होती। वह पहले भीतर होती है।

वास्तविक समृद्धि क्या है?

बहुत लोग सोचते हैं कि समृद्धि का अर्थ है: विलासिता, अत्यधिक धन, बाहरी चमक, लेकिन वास्तविक समृद्धि का अर्थ है:

- जीवन सहजता से आगे बढ़ रहा है
- जिम्मेदारियाँ संभल रही हैं
- सही समय पर सही सहायता मिल रही है
- आवश्यकताएँ पूरी हो रही हैं
- भीतर की शांति स्थिर है
- भय के स्थान पर भरोसा है

करोड़ों वाला व्यक्ति भी भीतर खाली हो सकता है। सीमित साधनों वाला व्यक्ति भी भीतर समृद्ध महसूस कर सकता है। क्यों? क्योंकि समृद्धि चेतना से शुरू होती है। गरीबी भी पहले विचारों में शुरू होती है कई बार लोग वास्तव में गरीब नहीं होते। वे अपनी सोच में गरीब होते हैं। वे लगातार सोचते रहते हैं:

- मैं यह नहीं खरीद सकता
- मेरे साथ कुछ अच्छा नहीं होता
- दूसरों के पास अधिक है
- मैं हमेशा संघर्ष करता हूँ
- मेरा भविष्य असुरक्षित है
- मैं सफलता के योग्य नहीं हूँ

ये विचार जीवन ऊर्जा को सिकोड़ देते हैं। जब मन कमी में जीता है, तो खुशी धन खत्म होने से पहले ही खत्म हो जाती है। बाहरी समस्या बड़ी इसलिए लगती है क्योंकि भीतर का दृष्टिकोण पहले से अंधकारमय है।

आपकी कीमत आपकी कमाई नहीं है

धन से जुड़ी सबसे गहरी गाँठों में से एक है — अपनी पहचान को पैसों से जोड़ लेना। लोग अनजाने में सोचते हैं:

- यदि मैं अधिक कमाऊँ, तो मेरी कीमत अधिक है
- यदि मेरा पैसा कम हो जाए, तो मेरी कीमत भी कम हो जाती है
- यदि दूसरे अधिक अमीर हैं, तो मैं कम हूँ
- यदि मैं पूरी तरह सबकी जरूरतें पूरी नहीं कर पाया, तो मैं असफल हूँ

यहीं से अंतहीन पीड़ा शुरू होती है। आपकी कीमत अंकों से ऊपर-नीचे नहीं होती। आपका मूल्य आता है:

- चेतना से
- चरित्र से
- उपस्थिति से
- बुद्धि से
- प्रेम से
- रचनात्मकता से
- सत्यनिष्ठा से
- जागरूकता से

धन कीमत माप सकता है लेकिन अस्तित्व का मूल्य नहीं।

तुलना दुःख पैदा करती है

आधुनिक जीवन लगातार तुलना करवाता है। किसी का घर बड़ा है। कोई अधिक यात्रा करता है। कोई अधिक कमाता है। किसी के बच्चे महंगे स्कूल में पढ़ते हैं। तुलना तीन विष पैदा करती है: ईर्ष्या, शर्म, अपराधबोध और ये शांति को नष्ट कर देते हैं। दुनिया में हमेशा कोई न कोई आपसे आगे होगा। लेकिन एक जगह ऐसी है जहाँ कोई भी आपसे आगे नहीं हो सकता: **स्वयं आप होने में,** कोई भी आपकी चेतना नहीं रखता। आपकी यात्रा नहीं जी सकता। आपके घाव, सीख, आवाज़, दृष्टिकोण और अनुभव किसी और के नहीं हैं। तुलना तब शुरू होती है जब आप अपनी प्रकृति भूल जाते हैं। आप बाहर देखने लगते हैं, भीतर नहीं। गुलाब दुखी हो जाएगा यदि वह कमल बनने की कोशिश करे। नदी दुखी हो जाएगी यदि वह पर्वत बनना चाहे। आपका कार्य दूसरों की दौड़ जीतना नहीं है। आपका कार्य है — स्वयं को पूर्ण रूप से जीना।

धन के साथ ऊँचा संबंध

उच्च चेतना वाले लोग धन को अलग दृष्टि से देखते हैं। वे न धन की पूजा करते हैं... न उससे डरते हैं... न उससे घृणा करते हैं... न उसके पीछे भागते हैं। वे समझते हैं: पैसा एक साधन है। पैसा प्रवाह है। पैसा गतिशील ऊर्जा है। वे उसे बुद्धिमानी से उपयोग करते हैं... शांति से छोड़ते हैं... कृतज्ञता से स्वीकार करते हैं... और अपनी पहचान उसके आधार पर नहीं बनाते। वे जानते हैं: घबराहट स्पष्टता को रोकती है। शांति बेहतर निर्णयों को आकर्षित करती है।

स्वस्थ धन चेतना के संकेत

आपका धन के साथ संबंध स्वस्थ हो रहा है यदि:

- आप अपराधबोध के बिना खर्च कर सकते हैं
- भय के बिना बचत कर सकते हैं
- शर्म के बिना कमा सकते हैं
- शिकायत के बिना दे सकते हैं
- संकोच के बिना स्वीकार कर सकते हैं
- बदलती परिस्थितियों में स्वयं पर भरोसा रखते हैं
- लगातार तुलना करना छोड़ रहे हैं
- संख्याओं से परे भी सुरक्षित महसूस करते हैं

"यही स्वतंत्रता है।"

कमी की मानसिकता छोड़ने के दैनिक अभ्यास

1. **विचार को पकड़िए:** जब भी चिंता आए, पूछिए: "मैं इस समय कौन-सी कहानी पर विश्वास कर रहा हूँ?" अक्सर वह वर्तमान सत्य नहीं, पुराना भय होता है।

2. **वर्तमान में लौटिए:** स्वयं से पूछिए: क्या मैं इस क्षण सुरक्षित हूँ? क्या आज की जरूरतें पूरी हैं? यह डर अभी का है या कल्पना का?

3. **कमी की भाषा बदलिए-** यह कहने के बजाय: "मेरे पास कभी पर्याप्त नहीं होता।" कहिए: "मैं बुद्धिमानी और विश्वास के साथ जीना सीख रहा हूँ।"

4. **कृतज्ञता का अभ्यास:** पाँच चीजें लिखिए जो अभी आपके जीवन को सहारा दे रही हैं: घर, भोजन, कौशल, संबंध, अवसर। कृतज्ञता समृद्धि की चेतना खोलती है।

5. **अपनी प्रतिभा का सम्मान करें:** आपकी प्रतिभा, सेवा, प्रयास और बुद्धि का मूल्य है। स्वयं को छोटा मत कीजिए।

वास्तविक समृद्धि के लिए पुष्टि वाक्य

धीरे-धीरे दोहराइए:

- मैं एक समर्थ जीवन के योग्य हूँ
- मेरी शांति मेरे बैंक बैलेंस से बड़ी है
- मैं जीवन पर भरोसा करता हूँ
- मैं धन के भय को छोड़ता हूँ
- मैं बुद्धिमान समृद्धि का स्वागत करता हूँ
- मेरा मूल्य जन्मजात है
- मैं कमी नहीं, कृतज्ञता में जीता हूँ
- मैं इस क्षण सुरक्षित हूँ

अंतिम सत्य: लोग सोचते हैं कि उन्हें पैसा चाहिए। लेकिन वास्तव में वे वह चाहते हैं जो उन्हें लगता है कि पैसा देगा:

- सुरक्षा
- स्वतंत्रता
- आराम
- सम्मान
- सहजता

- खुशी

इन अवस्थाओं को पहले भीतर विकसित करना शुरू कीजिए। तब पैसा आपका सेवक बनेगा, स्वामी नहीं। सबसे अमीर व्यक्ति वह नहीं जिसके पास सबसे अधिक है। सबसे अमीर वह है जो भीतर से पूर्ण है।

चिंतन के प्रश्न

- बचपन से मैंने धन के बारे में कौन-सा विश्वास सीखा?
- क्या मैं अपनी कीमत को आय से जोड़ता हूँ?
- मेरे भीतर सबसे अधिक कौन-सा आर्थिक भय चलता है?
- यदि मैं जीवन पर अधिक भरोसा करूँ तो मैं कैसे जीऊँगा?
- मेरे जीवन में अभी कौन-सी चीजें समृद्धि का प्रमाण हैं?

कमी पहले मानसिकता है। समृद्धि पहले चेतना की अवस्था है। भीतर का संबंध ठीक कीजिए, बाहर का संबंध स्वयं बदलने लगेगा।

सारांश

- *पैसा स्वयं समस्या नहीं है; असली समस्या उससे जुड़ा भय, असुरक्षा, अपराधबोध और सीमित विश्वास हैं।*
- *"क्या मेरे पास पर्याप्त है?" जैसे विचार लगातार भीतर तनाव पैदा करते हैं।*
- *धन से जुड़े कई विश्वास समाज और परिवार से सीखे हुए होते हैं।*
- *पैसा केवल मुद्रा नहीं, भावनात्मक अर्थ भी है।*
- *वास्तविक समृद्धि पहले भीतर की अवस्था है।*
- *गरीबी पहले विचारों में शुरू होती है।*
- *आपकी कीमत आपकी बैंक बैलेंस नहीं है।*
- *तुलना ईर्ष्या, शर्म और दुःख पैदा करती है।*
- *स्वस्थ धन चेतना संतुलन लाती है।*
- *सबसे अमीर व्यक्ति वह है जो भीतर से पूर्ण है।*

यात्रा से कुछ अनुभव

धन पर आधारित सत्रों ने बहुत लोगों को गहराई से प्रभावित किया। कुछ लोगों को कमाने में अपराधबोध था। कुछ को खर्च करने में भय। कुछ धन और आध्यात्मिकता को लेकर भ्रम में थे।

एक महिला ने कहा:

> “*“मैं सोचती थी कि आध्यात्मिकता का अर्थ है छोटा रहना और संघर्ष करना। अब समझ आया कि समृद्धि स्वाभाविक है।”*”

एक अन्य ने साझा किया:

> “*“पहले मैं दुकानदारों से कठोरता से मोलभाव करता था। अब सम्मान से खरीदता हूँ — और जैसे जीवन भी मुझे सम्मान लौटाता है।”*”

ध्यान मार्गदर्शन 10

कमी की मानसिकता को छोड़कर वास्तविक समृद्धि में प्रवेश

अपना ध्यान भीतर की ओर ले आइए... उन विचारों को देखिए जो आपने धन और पैसे के बारे में अपने भीतर सँजोए हुए हैं... भय के विचार... कमी के विचार... चिंता के विचार... "पर्याप्त नहीं है" के विचार... इन विचारों से लड़िए मत... बस उन्हें देखिए... ये केवल पुराने मानसिक किस्से हैं... ये आपकी सच्चाई नहीं हैं... अब मैं हर उस विश्वास को छोड़ता हूँ जो कहता है: "मैं सुरक्षित नहीं हूँ..." "मैं पीछे हूँ..." "मैं योग्य नहीं हूँ..." "कभी पर्याप्त नहीं होगा..." मैं इन विश्वासों को धीरे-धीरे विलीन होने देता हूँ... अब मैं याद करता हूँ कि मैं वास्तव में कौन हूँ... मैं जागरूकता हूँ... मैं शांति हूँ... मैं सक्षम हूँ... मैं मूल्यवान हूँ... मैं पूर्ण हूँ... मेरी कीमत संख्याओं में नहीं है... मेरी कीमत मेरे अस्तित्व में है... पूर्ण महसूस करने के लिए मुझे बाहरी प्रमाण की आवश्यकता नहीं... अब कल्पना कीजिए कि आपके ऊपर एक सुनहरी रोशनी है... समृद्धि की एक गर्म, कोमल रोशनी... विश्वास की रोशनी... सहारे की रोशनी... कृपा की रोशनी... यह रोशनी धीरे-धीरे आपके मन में उतर रही है... हर भय को शांत करती हुई... यह आपके हृदय में बह रही है... हर असुरक्षा को उपचार देती हुई... यह आपके पूरे अस्तित्व में फैल रही है... मैं खुला महसूस करता हूँ... मैं सहारा महसूस करता हूँ... मैं सुरक्षित महसूस करता हूँ... अब भीतर ही भीतर दोहराइए: मैं एक समर्थ और सुरक्षित जीवन के योग्य हूँ... मैं कमी की मानसिकता को छोड़ता हूँ... मैं जीवन पर भरोसा करता हूँ कि वह मेरा मार्गदर्शन करेगा... मेरी आवश्यकताएँ सही समय पर पूरी होती हैं... मैं अभी पर्याप्त हूँ... शांति ही मेरी वास्तविक संपत्ति है... कृतज्ञता ही मेरी वास्तविक समृद्धि है... मैं समृद्ध चेतना में जीता हूँ... अब इसे गहराई से महसूस कीजिए... इसी क्षण... श्वास यहाँ है... जीवन यहाँ है... जागरूकता यहाँ है... सहारा यहाँ है... मेरे पास पहले से बहुत कुछ है... मैं खाली नहीं हूँ... मैं भीतर से पूर्ण हूँ... आज पूरे दिन इस समृद्धि की भावना को अपने साथ लेकर चलिए...

13

ग्यारहवाँ रहस्य : समर्पण की शक्ति

“नियंत्रण भय से आता है। समर्पण विश्वास से जन्म लेता है।” समर्पण का मार्ग: यह **खुशी काग्यारहवाँ रहस्य** है। हालाँकि आंतरिक शांति के और भी अनेक मार्ग हो सकते हैं, लेकिन यदि हम इन ग्यारह कुंजियों को ईमानदारी से जीवन में उतार लें, तो खुशी स्वाभाविक और स्थायी बन सकती है। पिछले अध्यायों में हमने उन अनेक छिपे हुए पैटर्नों को पहचाना जो हमारी खुशी चुरा लेते हैं— भय, आसक्ति, अत्यधिक सोचना, तुलना, कमी की मानसिकता, भावनात्मक निर्भरता और अब इस अंतिम अध्याय में हम दुःख के सबसे गहरे कारणों में से एक को समझेंगे:

हर चीज़ को नियंत्रित करने की आवश्यकता

बहुत लोग जीवन को नियंत्रित करने की अनजानी इच्छा के साथ जीते हैं। वे चाहते हैं: चीजें उनकी योजना के अनुसार हों, लोग उनके अनुसार व्यवहार करें, भविष्य निश्चित हो, परिणाम उनकी कल्पना जैसे हों, यह इच्छा सामान्य लग सकती है, लेकिन भीतर यह तनाव, भय, थकान और संघर्ष पैदा करती है। सच्चाई यह है: जीवन को नियंत्रित करने के लिए नहीं बनाया गया। जीवन को जीने, अनुभव करने और उस पर भरोसा करने के लिए बनाया गया है।

अहंकार नियंत्रण क्यों चाहता है?

झूठी पहचान — अहंकार — स्वयं को असुरक्षित महसूस करता है। वह मानता है:

- मुझे सब कुछ संभालना होगा
- यदि मैं नहीं करूँगा तो सब बिगड़ जाएगा
- लोगों को मेरी सलाह चाहिए
- मुझे पहले से पता होना चाहिए कि आगे क्या होगा
- यदि परिस्थितियाँ बदल गईं तो मेरी शांति चली जाएगी

यही मानसिकता निरंतर चिंता पैदा करती है। अहंकार को डर लगता है: अनिश्चितता से, हानि से, असहाय होने से, परिवर्तन से इसलिए वह लोगों, परिस्थितियों, समय, धन, रिश्तों और भविष्य को नियंत्रित करने की कोशिश करता है। लेकिन जितना अधिक हम नियंत्रण करते हैं, उतना अधिक हम दुःख पैदा करते हैं।

नियंत्रित करने वाले मन के संकेत

आप इस प्रवृत्ति को सूक्ष्म रूप में पहचान सकते हैं:

- लगातार भविष्य की चिंता करना
- बिना पूछे सलाह देना
- परिवार के हर छोटे काम को नियंत्रित करना
- योजनाएँ बदलने पर चिड़चिड़ा होना
- सबकी खुशी की जिम्मेदारी स्वयं पर लेना
- भविष्य की घटनाओं के बारे में अत्यधिक सोचना
- लोगों से अपने अनुसार व्यवहार की अपेक्षा रखना
- अनिश्चितता में बेचैन होना

ये आदतें आपकी आंतरिक ऊर्जा को धीरे-धीरे समाप्त कर देती हैं।

नियंत्रण रिश्तों को नुकसान पहुँचाता है

कोई भी व्यक्ति नियंत्रित होना पसंद नहीं करता। जब हम अपने भय के अनुसार दूसरों को ढालने की कोशिश करते हैं:

- बच्चे विद्रोही हो जाते हैं
- साथी दूर होने लगते हैं
- परिवार हमसे बचने लगता है
- विश्वास कमजोर होता है
- संघर्ष बढ़ने लगता है

नियंत्रण प्रेम का दम घोंट देता है। लोग बाहर से मान सकते हैं, लेकिन भीतर दूरी पैदा होने लगती है। प्रेम स्वतंत्रता देता है। भय नियंत्रण माँगता है।

नियंत्रण की छिपी हुई कीमत

हर चीज़ को नियंत्रित करने की कोशिश पैदा करती है:

1. **मानसिक थकान**: मन लगातार सतर्क, चिंतित और योजना बनाता रहता है।

2. **भावनात्मक पीड़ा**: जब जीवन आपकी अपेक्षाओं के अनुसार नहीं चलता, तो निराशा और असहायता पैदा होती है।

3. **आध्यात्मिक दूरी**: जो मन हमेशा नियंत्रण में व्यस्त है, वह भीतर की मार्गदर्शक आवाज़ को नहीं सुन सकता।

4. **खुशी का खो जाना**: सुंदर क्षण भी छूट जाते हैं क्योंकि मन अगले परिणाम को संभालने में व्यस्त रहता है।

आत्मा की चेतना और अहंकार की चेतना

अहंकार की चेतना कहती है:

- मुझे सब कुछ संभालना है
- दूसरों को मेरी बात माननी चाहिए
- मेरी शांति बाहरी व्यवस्था पर निर्भर है
- मुझे भविष्य को सुरक्षित करना है

आत्मा की चेतना जानती है:

- मुझे केवल अपनी भूमिका ईमानदारी से निभानी है
- हर व्यक्ति की अपनी यात्रा है
- शांति भीतर से आती है
- जीवन अपने समय में बुद्धिमानी से खुलता है

आत्मा नियंत्रण नहीं करती। आत्मा भरोसा करती है।

अंतिम कुंजी : समर्पण

समर्पण का अर्थ कमजोरी नहीं है। यह आलस्य नहीं है। यह जिम्मेदारी छोड़ना नहीं है। समर्पण का अर्थ है:

- *अपना सर्वोत्तम देना और फिर परिणाम छोड़ देना*
- *जीवन की बुद्धिमत्ता पर भरोसा करना*
- *लोगों को उनकी यात्रा से सीखने देना*
- *जो आपके नियंत्रण से बाहर है उसे स्वीकार करना*
- *भय की पकड़ को ढीला करना*
- यह ज़बरदस्ती से प्रवाह की ओर बढ़ना है।

समर्पण का अभ्यास कैसे करें

1. पहचानिए कि आप कहाँ नियंत्रण करते हैं

ईमानदारी से स्वयं को देखें: मैं कहाँ अनावश्यक हस्तक्षेप करता हूँ? मैं कहाँ सब कुछ अधिक संभालने की कोशिश करता हूँ? मैं कहाँ निश्चितता की मांग करता हूँ? मुझे छोड़ने से डर कहाँ लगता है? जागरूकता ही उपचार की शुरुआत है।

2. अपनी भूमिका पूरी निष्ठा से निभाइए

प्रेम से भोजन बनाइए। ईमानदारी से काम कीजिए। स्पष्टता से बोलिए। बुद्धिमानी से कर्म कीजिए। फिर बाकी को मन में ढोना छोड़ दीजिए।

3. नियंत्रण को विश्वास से बदलिए

स्वयं से कहिए:

- मैं जीवन पर भरोसा करता हूँ
- मैं दिव्य समय पर भरोसा करता हूँ
- मैं लोगों पर भरोसा करता हूँ कि वे अपनी सीख पाएँगे
- आवश्यकता पड़ने पर मैं स्वयं पर भरोसा करता हूँ

4. लोगों को स्थान दीजिए

दूसरों को बढ़ने दीजिए। चुनने दीजिए। गलतियाँ करने दीजिए। सीखने दीजिए। स्वतंत्रता ही प्रेम की क्रिया है।

5. वर्तमान क्षण में लौट आइए

अधिकांश नियंत्रण भविष्य के भय से आता है। वर्तमान में लौटिए। यह क्षण संभाला जा सकता है। यह श्वास पर्याप्त है।

नदी कभी अपने मार्ग को नियंत्रित नहीं करती

नदी ताज़ा और जीवंत रहती है क्योंकि वह बहती रहती है। यदि आप उसे बाँध दें, तो वह ठहरकर सड़ने लगती है। मानव जीवन भी ऐसा ही है। जब हम जीवन को स्वाभाविक रूप से बहने देते हैं, तो खुशी लौट आती है। जब हम कसकर पकड़ते हैं और नियंत्रण करते हैं, तो जीवन भारी हो जाता है।

मेरा कार्य प्रेम करना है, नियंत्रण नहीं

इस सत्य को अपने हृदय में लिख लीजिए: मेरा कार्य प्रेम करना है, नियंत्रण करना नहीं। मैं यहाँ शांत ऊर्जा लाने के लिए हूँ। मैं यहाँ योगदान देने के लिए हूँ, शासन करने के लिए नहीं। मैं यहाँ विश्वास करने के लिए हूँ, डरने के लिए नहीं।

जीवन जीने का उच्च तरीका

निम्न चेतना बाहरी दुनिया को नियंत्रित करने की कोशिश करती है। उच्च चेतना भीतर की दुनिया को बदलती है। जब आपके विचार शांत होते हैं...

- रिश्ते सुधरने लगते हैं
- वातावरण नरम होने लगता है
- अंतर्ज्ञान जागने लगता है
- खुशी लौट आती है

अंतिम चिंतन

बहुत लोग पूरी जिंदगी जीवन को नियंत्रित करने में बिताते हैं और वास्तव में जी ही नहीं पाते। लेकिन बुद्धिमान व्यक्ति समझता है: मैं सब कुछ नियंत्रित नहीं कर सकता। मुझे केवल स्वयं को सही दिशा में लाना है। जब भीतर की ऊर्जा स्पष्ट होती है, तो बाहरी जीवन भी सहज बहने लगता है। इसलिए आज यह बोझ छोड़ दीजिए। सब कुछ जानने की आवश्यकता छोड़ दीजिए। सबको ठीक करने की आवश्यकता छोड़ दीजिए। कल को सुरक्षित करने की आवश्यकता छोड़ दीजिए। इस क्षण पर भरोसा कीजिए। अपने मार्ग पर भरोसा कीजिए। उस दिव्य बुद्धि पर भरोसा कीजिए जो जीवन का मार्गदर्शन कर रही है। और याद रखिए: नियंत्रण भय से जन्म लेता है। समर्पण बुद्धि से जन्म लेता है। और खुशी समर्पण में रहती है।

सारांश

- *खुशी की अंतिम कुंजी समर्पण की शक्ति को समझना है।*
- *बहुत दुःख लोगों, परिस्थितियों, धन और भविष्य को नियंत्रित करने की इच्छा से पैदा होता है।*
- *अहंकार नियंत्रण चाहता है क्योंकि वह भय और असुरक्षा में जीता है।*
- *अत्यधिक चिंता, हस्तक्षेप और बेचैनी नियंत्रित करने वाले मन के संकेत हैं।*
- *दूसरों को नियंत्रित करने की कोशिश रिश्तों में दूरी और संघर्ष पैदा करती है।*
- *नियंत्रण मानसिक थकान और आंतरिक अशांति पैदा करता है।*

- *अहंकार कहता है "मुझे सब संभालना है", जबकि आत्मा जानती है "मुझे केवल अपनी भूमिका निभानी है।"*
- *समर्पण कमजोरी नहीं, बल्कि अपना श्रेष्ठ देने के बाद परिणाम को छोड़ देना है।*
- *सच्ची शांति वर्तमान में जीने और जीवन पर भरोसा करने से आती है।*
- *वास्तविक खुशी बाहरी दुनिया को नियंत्रित करने से नहीं, बल्कि भीतर को संतुलित करने से आती है।*

यात्रा से कुछ अनुभव

बहुत लोगों ने स्वीकार किया कि वे वर्षों से परिवार, बच्चों, जीवनसाथी और परिस्थितियों को नियंत्रित करने की कोशिश कर रहे थे।

एक माँ ने भावुक होकर कहा:

> "*"मैं अपनी बेटी को हर समय नियंत्रित करती थी — उसे क्या देखना चाहिए, क्या करना चाहिए, कैसे व्यवहार करना चाहिए। अब समझ आया कि मैं सबसे अधिक स्वयं को ही परेशान कर रही थी।"*"

एक अन्य सहभागी ने कहा:

> "*"मुझे हमेशा लगता था कि मैं सबसे बेहतर जानता हूँ। मैं मन ही मन सबको सुधारता रहता था। अब मैं लोगों को वैसा ही रहने देता हूँ।"*"

एक महिला मुस्कुराते हुए बोली:

> "*"पैंतालीस साल की शादी के बाद मैंने आखिरकार अपने पति को ठीक करने की कोशिश छोड़ दी।"*"

ध्यान मार्गदर्शन 11

समर्पण की शक्ति

धीरे-धीरे अपना ध्यान भीतर की ओर ले आइए... मैं स्वयं के प्रति जागरूक होता हूँ... इस शरीर के पीछे स्थित उस शांत अस्तित्व के प्रति... विचारों के मौन साक्षी के प्रति...सभी भूमिकाओं से परे उस स्थिर उपस्थिति के प्रति...अब मैं देखता हूँ कि कितने समय से मैं भीतर बोझ उठाए हुए था...लोगों को नियंत्रित करने की कोशिश...परिस्थितियों को नियंत्रित करने की कोशिश...परिणामों को नियंत्रित करने की कोशिश...कल को नियंत्रित करने की कोशिश...आज...मैं स्पष्ट रूप से देखता हूँ...नियंत्रण कभी शांति नहीं था। नियंत्रण केवल भय था, जिसने मुखौटा पहन रखा था। हर बार जब मैंने जीवन को मजबूर करना चाहा...मैंने तनाव महसूस किया... हर बार जब मैंने सबको संभालने की कोशिश की...मैं थक गया...हर बार जब मैंने निश्चितता माँगी...मैंने इस क्षण की सुंदरता खो दी...अब मैं धीरे-धीरे यह बोझ छोड़ता हूँ...मुझे सब कुछ अकेले संभालने की आवश्यकता नहीं...जीवन की अपनी बुद्धि है...हर आत्मा की अपनी यात्रा है...हर दृश्य का अपना समय है...मेरी केवल एक जिम्मेदारी है: मेरी ऊर्जा...मेरी भावना...मेरी प्रतिक्रिया... मेरी चेतना की अवस्था...मैं दबाव के स्थान पर शांति को चुनता हूँ...मैं भय के स्थान पर विश्वास को चुनता हूँ... मैं ज़बरदस्ती के स्थान पर प्रवाह को चुनता हूँ...अब कल्पना कीजिए कि आपकी सारी चिंताएँ आपके सामने रखी हुई हैं...भविष्य की चिंताएँ...परिवार की चिंताएँ... धन की चिंताएँ...रिश्तों की चिंताएँ...अधूरे कार्य...अनजाने परिणाम...एक-एक करके उन्हें प्रकाश में रख दीजिए...और भीतर ही भीतर कहिए: मैं इसे छोड़ता हूँ... मैं इसे समर्पित करता हूँ... मैं दिव्य प्रक्रिया पर भरोसा करता हूँ... महसूस कीजिए कि आपका मन शांत हो रहा है...आपकी साँसें कोमल हो रही हैं...अब भीतर दोहराइए: मैं अपना सर्वोत्तम करता हूँ...और छोड़ देता हूँ...मैं ईमानदारी से कर्म करता हूँ...और परिणाम को समर्पित कर देता हूँ...मैं लोगों से प्रेम करता हूँ...उन्हें नियंत्रित नहीं करता...मैं जीवन पर भरोसा करता हूँ...मैं सही समय पर भरोसा करता हूँ...मैं स्वयं पर भरोसा करता हूँ... अब स्वयं को एक नदी की तरह महसूस कीजिए...स्वाभाविक रूप से बहती हुई...न विरोध...न ज़बरदस्ती...बस सहजता से आगे बढ़ती हुई...शांति मेरे भीतर बह रही है...बुद्धि मेरा मार्गदर्शन कर रही है...आनंद मेरी ओर लौट रहा है...मैं इस क्षण सुरक्षित हूँ...मैं इस क्षण स्वतंत्र हूँ... मैं इस क्षण शांत हूँ... और आज इस सत्य को अपने साथ लेकर चलिए: नियंत्रण भय से आता है। समर्पण विश्वास से आता है। मेरी खुशी समर्पण में रहती है।

14

सत्यता – वास्तविक खुशी का द्‌वार

अधिकांश लोग कहते हैं कि वे खुशी चाहते हैं, लेकिन बहुत कम लोग उस एक चीज़ का सामना करने को तैयार होते हैं जो उनके और वास्तविक खुशी के बीच खड़ी है — अपने भीतर का सत्य। हम अक्सर सोचते हैं कि दुःख बाहर की दुनिया से आता है — कठिन लोगों से, परिस्थितियों से, असफलताओं से, या अधूरी इच्छाओं से। लेकिन यदि हम गहराई से देखें, तो पाएँगे कि दुःख केवल जीवन से नहीं बढ़ता, बल्कि स्वयं को ईमानदारी से न देखने से बढ़ता है।

सच्ची खुशी की ओर चलने के लिए मनुष्य को अपने विचारों, भावनाओं और कर्मों के प्रति गहराई से सत्यवादी बनना पड़ता है। यह सत्यता कठोर आत्म-आलोचना नहीं है। यह स्पष्ट रूप से देखना है। इसका अर्थ है स्वीकार करना:

- “मैं ईर्ष्या महसूस कर रहा हूँ।”
- “मैं डर रहा हूँ।”
- “मैं बाहर से दयालु दिख रहा हूँ, लेकिन भीतर क्रोध है।”
- “मैं स्वीकृति चाहता हूँ।”
- “मैं आध्यात्मिक होने का अभिनय कर रहा हूँ, लेकिन भीतर अशांत हूँ।”
- “मैं शांति चाहता हूँ, फिर भी संघर्ष को पोषण दे रहा हूँ।”

ऐसी ईमानदारी असहज लग सकती है, क्योंकि यह मन के उस छिपे हुए अंधकार को उजागर करती है जिसे हम स्वीकार नहीं करना चाहते। यह अंधकार कभी प्रकट होता है:

- क्रोध के रूप में
- लालच के रूप में
- असुरक्षा के रूप में
- तुलना के रूप में
- अहंकार के रूप में
- चालाकी के रूप में
- आत्म-दया के रूप में
- असत्य के रूप में
- या सब कुछ नियंत्रित करने की इच्छा के रूप में

लोग अपने भीतर की छाया से क्यों भागते हैं?

अधिकांश लोग इन छायाओं से बचना चाहते हैं। वे स्वयं को व्यस्त रखते हैं... दूसरों को दोष देते हैं... अपने व्यवहार को सही ठहराते हैं... या सकारात्मक शब्दों के पीछे अंधकार को छिपा

देते हैं। लेकिन ढका हुआ अंधकार समाप्त नहीं होता। वह केवल और गहरा हो जाता है। मन के पास अनेक चतुर मुखौटे होते हैं। वह लालच को "महत्वाकांक्षा" कह देता है... आसक्ति को "प्रेम"... भय को "चिंता" या "देखभाल"... और अहंकार को "आत्म-सम्मान"। जब तक मनुष्य भीतर से सत्यवादी नहीं बनता, ये भेष पहचान में नहीं आते।

आंतरिक ईमानदारी साहस माँगती है

सत्यता वहाँ प्रकाश लाती है जहाँ पहले धोखा था। जब आप अपने विचारों को ईमानदारी से देखने लगते हैं, तो आप उनके गुलाम नहीं रहते। जब आप भावनाओं को दबाने के बजाय स्वीकार करते हैं, तो उपचार शुरू होता है। जब आप अपने कर्मों को सच्चाई से देखते हैं, तो परिवर्तन संभव हो जाता है। दिखावा बनाए रखना आसान है। दूसरों को दोष देना आसान है। अच्छा दिखना आसान है। लेकिन वास्तव में अच्छा बनना कठिन है और वास्तविक खुशी असत्य में नहीं खिल सकती।

झूठा जीवन भीतर विभाजन पैदा करता है

जब बाहर एक चेहरा हो और भीतर दूसरा, तो मन बँट जाता है। यही विभाजन ऊर्जा को खा जाता है और बेचैनी पैदा करता है। सत्यता बिखरे हुए व्यक्तित्व को फिर से जोड़ती है और तब शांति स्वाभाविक रूप से प्रकट होती है।

सत्यवादी बनने के लिए पूर्ण होना आवश्यक नहीं

वास्तव में सत्यता ही शुद्धि का मार्ग है। जिस क्षण आप ईमानदारी से कहते हैं: "हाँ, मेरे भीतर क्रोध है।" उसी क्षण आप अचेत क्रोध से थोड़ा ऊपर उठ चुके होते हैं। जब आप स्वीकार करते हैं: "मैं लोगों की स्वीकृति के पीछे भाग रहा हूँ।" तब जागरूकता आपको मुक्त करना शुरू कर देती है। जब आप देखते हैं: "मेरा दुःख मेरे अपने पैटर्नों से बढ़ रहा है।" तब बुद्धि जन्म लेती है। अंधकार दबाने से समाप्त नहीं होता । वह जागरूकता में देखने से समाप्त होता हैं।

वास्तविक खुशी क्या है?

वास्तविक खुशी हर इच्छा पूरी होने का सुख नहीं है। वास्तविक खुशी वह हल्कापन है जो तब आता है जब भीतर कुछ भी झूठा बचा न हो जिसे बचाना पड़े। यह पारदर्शिता का आनंद है। दिखावा छोड़ देने की स्वतंत्रता है। स्वयं को जैसा हैं वैसा स्वीकार करने की शांति है। इसलिए यदि आप खुशी चाहते हैं, तो शुरुआत ईमानदारी से करें।

- विचारों में सत्यवादी बनिए
- भावनाओं में सत्यवादी बनिए
- कर्मों में सत्यवादी बनिए

क्योंकि जो व्यक्ति अपने भीतर के अंधकार का सामना करता है, वही उस प्रकाश को खोज पाता है जो हमेशा से भीतर मौजूद था।

आंतरिक सत्यता का गहरा कार्य

सत्यता एक बार की स्वीकारोक्ति नहीं है। यह प्रतिदिन की जागरूकता है। मन लगातार चल रहा है: विचार, प्रतिक्रियाएँ, भय, आशाएँ, इच्छाएँ, निर्णय यदि मनुष्य अचेत रहे, तो वही सब उसकी पहचान बन जाते हैं। लेकिन जब आप ईमानदारी से देखना शुरू करते हैं, तो समझ आता है: विचार मेरे भीतर उठ रहे हैं, लेकिन वे मैं नहीं हूँ। यह समझ बहुत शक्तिशाली है। लोग कहते हैं: "मैं क्रोधित हूँ।" लेकिन वास्तव में क्रोध केवल मन से गुजर रहा होता है। "मैं ईर्ष्यालु हूँ।" लेकिन ईर्ष्या केवल देखी जा रही एक मानसिक गति है। सत्यता देखने वाले और मन के बीच दूरी बना देती है।

मन ईमानदारी से क्यों बचता है?

झूठी पहचान छवि के सहारे जीवित रहती है। वह बुद्धिमान, अच्छा, आध्यात्मिक, सफल, प्रेमपूर्ण या श्रेष्ठ दिखना चाहती है। इसलिए वह उन चीजों को छिपाती है जो उसकी छवि को खतरा पहुँचाती हैं। यही कारण है कि आत्म-धोखा इतना सामान्य है।

- कोई व्यक्ति मीठा बोल सकता है लेकिन भीतर कटुता रख सकता है।
- कोई दान कर सकता है लेकिन प्रशंसा चाहता हो।
- कोई वैराग्य की बात कर सकता है लेकिन भीतर बंधन में हो।
- कोई प्रेम की बात कर सकता है लेकिन अधिकार चाहता हो।

बाहरी कर्म स्वच्छ दिख सकते हैं, लेकिन भीतर की मंशा सच्चाई बताती है और परिवर्तन वास्तव में वहीं से शुरू होता है।

स्पष्ट देखने का दर्द

जब कोई पहली बार ईमानदार बनता है, तो दर्द हो सकता है। आप देख सकते हैं: वर्षों तक स्वीकृति के पीछे भागना, आवश्यकता पर आधारित रिश्ते, भय से लिए गए निर्णय, बार-बार

दोहराए गए अचेतन पैटर्न लेकिन यह दर्द दंड नहीं है। यह जागरण है। सत्य का दर्द उपचार देता है। भ्रम का दर्द अंतहीन होता है। उपचार देने वाले दर्द को चुनिए।

अंधकार शत्रु नहीं, शिक्षक हैं

मन के अंधकारमय हिस्से दुश्मन नहीं हैं। वे संदेश हैं।

- क्रोध अधूरी अपेक्षा दिखा सकता है
- ईर्ष्या तुलना और कम आत्म-मूल्य को दिखा सकती है
- लालच भीतर की खालीपन को दिखा सकता है
- नियंत्रण भय को दिखा सकता है
- सबको खुश करने की आदत स्वीकृति पर निर्भरता को दिखा सकती है

जब सत्यता से देखा जाए, तो हर छाया शिक्षक बन जाती है। और समझ के साथ करुणा जन्म लेती है। खुशी बनाई नहीं जा सकती बहुत लोग मनोरंजन, धन, प्रतिष्ठा, रिश्तों या आध्यात्मिक दिखावे से खुशी पैदा करने की कोशिश करते हैं लेकिन बाहरी चीज़ों पर बनी खुशी नाज़ुक होती है। यदि वस्तु चली जाए, खुशी चली जाती है। यदि प्रशंसा बंद हो जाए, आत्मविश्वास गिर जाता है। यदि सुविधा टूट जाए, शांति चली जाती है। वास्तविक खुशी किसी गहरी जगह से उठनी चाहिए। जब मन हल्का, स्वच्छ और पारदर्शी होने लगता है, तब खुशी स्वाभाविक रूप से प्रकट होती है।

सत्यता का दैनिक अभ्यास

स्वयं से पूछिए:

- मैं अभी क्या महसूस कर रहा हूँ?
- कौन-सा विचार बार-बार चल रहा है?
- मैं किससे बच रहा हूँ?
- मैं ऐसा क्या है जिसे जानकर भी अनदेखा कर रहा हूँ?
- मैंने वे शब्द क्यों कहे?
- वह कर्म प्रेम से आया था या भय से?
- मैं दूसरों से क्या चाहता हूँ जो मुझे भीतर नहीं मिला?

ये प्रश्न दर्पण हैं। इन्हें कठोरता से नहीं, कोमलता से उपयोग कीजिए। सत्यता आत्म-घृणा नहीं है। यह आत्म-सम्मान है।

सत्यवादी व्यक्ति की सरलता

सत्यवादी व्यक्ति सरल हो जाता है।
उसके भीतर:

- कम शोर होता है
- कम दिखावा होता है
- कम नाटक होता है
- कम छिपे हुए उद्देश्य होते हैं
- कम थकान होती है

ऐसा व्यक्ति दुनिया को साधारण लग सकता है, लेकिन भीतर उसके पास एक दुर्लभ खजाना होता है: **सहजता**। और सहजता खुशी के बहुत निकट है।

अंतिम अंतर्दृष्टि

मन की छायाएँ इसलिए समाप्त नहीं होतीं क्योंकि आप उनसे घृणा करते हैं। वे इसलिए समाप्त होती हैं क्योंकि आप उन्हें जागरूकता के प्रकाश में स्पष्ट रूप से देखते हैं। और जब पर्याप्त छायाएँ विलीन हो जाती हैं, तो जो बचता है वह कुछ नया नहीं होता। वह आपका स्वाभाविक स्वरूप होता है: **शांति, स्पष्टता, प्रेम और वह मौन खुशी जो मन की झूठी परतों के नीचे हमेशा से मौजूद थी।**

"खुशी के 11 रहस्य" के ऑनलाइन सत्रों की वास्तविक अनुभव कथाएँ

"खुशी के 11 रहस्य" की ऑनलाइन सत्रों की वास्तविक अनुभव कथाएँ एक अत्यंत सुंदर और भावपूर्ण संगम बन गई, जहाँ प्रतिभागियों ने खुलकर अपने भीतर हुए परिवर्तनों को साझा किया। नीचे कुछ प्रतिभागियों की बातचीत और उनके मुख्य आंतरिक परिवर्तन प्रस्तुत हैं:

1. स्वीकार्यता ने सब बदल दिया

एक प्रतिभागी ने साझा किया कि पहले उनमें मोलभाव करने, लोगों को मानसिक रूप से नियंत्रित करने और हर चीज़ अपने तरीके से करवाने की आदत थी। इन सत्रों के माध्यम से उन्होंने स्वीकार्यता सीखना शुरू किया।

परिवर्तन:

कठोर तरीके से मोलभाव करना बंद किया

दूसरों के प्रति अधिक सम्मानपूर्ण हुईं

परिवार को अपने तरीके से काम करने देना सीखा

जीवन को खेल की तरह हल्का महसूस करना शुरू किया

मुख्य समझ:

"जितनी जल्दी हम स्वीकार करना सीखते हैं, उतनी जल्दी आगे बढ़ते हैं।"

2. चेतना के 11 फ़िल्टर

एक अन्य प्रतिभागी ने कहा कि इन 11 सत्रों ने उनकी आध्यात्मिक दृष्टि में "11 नए फ़िल्टर" जोड़ दिए। पहले वे बहुत ज्ञान सुनती थीं, लेकिन अब उसे जीवन में लागू करना सीख गईं।

परिवर्तन:

नकारात्मकता को प्रवेश के समय ही पकड़ लेना

प्रतिदिन बढ़ती हुई खुशी महसूस करना

जीवन को आध्यात्मिक जागरूकता से देखना

हर परिस्थिति में अधिक सजग होकर जीना

मुख्य समझ:

"अब मैं चोरों को प्रवेश द्वार पर ही पकड़ लेती हूँ।"

3. क्रोध को तुरंत पकड़ लेना

एक महिला हँसते हुए बोलीं... एक दिन किसी ने उनसे कठोरता से बात की और अचानक क्रोध उठा। तभी उन्हें आंतरिक चोर (वे मानसिक प्रवृत्तियाँ जो शांति, खुशी या आत्मविश्वास चुरा लेती हैं) की शिक्षा याद आई।

परिवर्तन:

क्रोध को एक "चोर" के रूप में पहचानना

बाहर प्रतिक्रिया देने के बजाय भीतर देखना

जल्दी शांति में लौट आना

मुख्य समझ:

"अब कुछ भी उठता है, तो मैं उसे तुरंत पकड़ लेती हूँ।"

4. गहरा आंतरिक परिवर्तन

एक लंबे समय से आध्यात्मिक अध्ययन कर रहे साधक ने बताया... 13–14 वर्षों से आध्यात्मिक ज्ञान लेने के बाद भी कुछ भीतर के संघर्ष बने हुए थे। इन सत्रों ने उन्हें स्पष्टता दी।

परिवर्तन:

पुराने क्रोध के पैटर्न घुलने लगे

विचारों के प्रति अधिक जागरूकता आई

भीतर का भारीपन कम हुआ

मुख्य समझ:

“जो वर्षों में नहीं बदल पाया, वह अब सहज रूप से बदलने लगा।”

5. तीन बड़े बोध

एक छोटे गाँव की प्रतिभागी ने साझा किया कि उन्होंने हर कक्षा को गहराई से अभ्यास में उतारा और सूक्ष्म पैटर्न पकड़ना शुरू किया।

परिवर्तन:

स्वयं को जज करना बंद किया

भय कम हुआ

स्वयं से बेहतर संवाद शुरू हुआ

भरपूरता का दृष्टिकोण को समझा

नियंत्रण करने की आदत कम हुई

मुख्य समझ:

“जब हम स्वयं को जज करना छोड़ देते हैं, तब दूसरे भी हमें जज करना छोड़ देते हैं।”

6. बोरियत से स्वतंत्रता तक

एक माँ और पत्नी ने बताया कि जीवन बहुत बार-बार दोहराया जाने वाला और सूखा लगने लगा था। फिर इन शिक्षाओं ने उन्हें पुराने संस्कारों को “मरने” का वास्तविक अर्थ समझाया।

परिवर्तन:

पुराने संस्कारों को छोड़ना सीखा

भीतर तुरंत हल्कापन महसूस हुआ

पति और बेटी को नियंत्रित करना छोड़ा

अधिक सहज, शांत और भरोसेमंद बनीं

मुख्य समझ:

“पहली बार मैं सच में निश्चिंत हुई हूँ।”

7. स्वप्न के माध्यम से मार्गदर्शन

एक अन्य प्रतिभागी ने साझा किया कि उन्हें एक स्वप्न में मार्गदर्शन मिला जिसने उन्हें इन सत्रों तक पहुँचाया।

परिवर्तन:

ईश्वर से गहरा संबंध महसूस हुआ

भूमिका और आत्मा के बीच स्पष्ट अंतर समझ आया

क्रोध के बाद अपराधबोध कम हुआ

आध्यात्मिक प्रगति अधिक सहज हुई

मुख्य समझः

“अब मैं जानती हूँ कि भूमिका अलग है और आत्मा अलग।”

8. अहंकार की परतें गिरने लगीं

एक प्रोफेसर और लंबे समय से आध्यात्मिक शिक्षिका ने बताया: उन्होंने इन "खुशी के 11 रहस्य" को एक संकल्प की तरह अपनाया और पूरी निष्ठा से अभ्यास किया।

परिवर्तनः

अहंकार की परतें धीरे-धीरे गिरने लगीं

स्वयं के प्रति अधिक दयालु हुईं

समझ आया कि नियंत्रण भय से आता है

बहस कम हुई, शांति बढ़ी

मुख्य समझः

“बहस निम्न ऊर्जा अवस्था है। शांति उच्च ऊर्जा अवस्था है।”

9. गहरी प्रतिबद्धता

एक प्रतिभागी ने बताया कि शुरुआत में वे सशुल्क सत्र में जुड़ने को लेकर हिचकिचा रहे थे, लेकिन बाद में उन्हें इसका गहरा मूल्य समझ आया।

परिवर्तन:

नोट्स को गंभीरता से लेना शुरू किया

भरपूरता को गहराई से समझा

समझ आया कि बाहरी जीवन भी बदल सकता है

आत्म-विकास के प्रति प्रतिबद्धता बढ़ी

मुख्य समझ:

“भीतर की समृद्धि बाहर भी दिखाई देने लगती है।”

10. धन और नियंत्रण के प्रति जागरूकता

भारत की एक ऑनलाइन शिक्षार्थी ने साझा किया कि बाज़ार जाते समय उन्होंने अपने पुराने मोलभाव करने की आदतें को उठते हुए देखा।

परिवर्तन:

कमी की मानसिकता को पहचानना शुरू किया

नियंत्रित करने वाला व्यवहार को समझा

जीवन पर अधिक भरोसा करना शुरू किया

मुख्य समझ:

“अब खरीदारी करते समय भी मैं अपने मन को देखती हूँ।”

11. हीन भावना पर विजय

एक स्नातकोत्तर (पोस्ट ग्रेजुएशन) का विद्यार्थी ने साझा किया कि वे मानसिक रूप से स्वयं को कमजोर समझती थीं और अपनी बुद्धि पर संदेह करती थीं।

परिवर्तनः

स्वयं पर संदेह को आंतरिक चोर के रूप में पहचानना

अपनी क्षमता को स्वीकार करना

स्वयं पर भरोसा बढ़ना

मुख्य समझः

"मुझे लगता था मेरी बुद्धि कमजोर है। अब समझ आया कि वह केवल एक झूठा विश्वास था।"

12. हीनता को छोड़ना

एक छोटे गाँव की गृहिणी ने साझा किया कि सीमित सहयोग के बावजूद ऑनलाइन शिक्षा ने उन्हें भीतर से मजबूत बनाया।

परिवर्तनः

हीन भावना छोड़ दी

बच्चे और पति को अत्यधिक नियंत्रण करना कम किया

सबको पूर्ण आत्मा के रूप में देखना शुरू किया

भीतर स्वतंत्रता महसूस करना

मुख्य समझः

"अब मेरे मन का केवल एक काम है — सबको पूर्ण आत्मा के रूप में देखना।"

सामूहिक अनुभव

लगभग सभी प्रतिभागियों ने अनुभव किया:

- अधिक हल्कापन
- कम भय
- कम नियंत्रण
- अधिक आत्म-प्रेम
- अधिक समृद्धि की भावना
- अधिक जागरूकता
- जीवन पर अधिक भरोसा
- भीतर से उठती हुई वास्तविक खुशी

अंतिम चिंतन

ये केवल किसी ऑनलाइन अध्ययन के विद्यार्थी नहीं थे। ये वे आत्माएँ थीं जो स्वयं को फिर से याद कर रही थीं। हर प्रतिभागी इस बात का प्रमाण बन गया कि जब भीतर की गाँठें खुलने लगती हैं, तो जीवन स्वाभाविक रूप से बहने लगता है।

कृतज्ञता के साथ... एक नई शुरुआत

धन्यवाद कि आपने "खुशी के 11 रहस्य" को अपने जीवन का एक हिस्सा बनने दिया

यह पुस्तक कोई अंतिम मंज़िल नहीं है... यह तो केवल एक गहरी यात्रा की शुरुआत है — एक ऐसी यात्रा जो भीतर की ओर ले जाती है... आपकी वास्तविक खुशी की ओर

जुड़े रहिए

यदि आप अपनी इस यात्रा को और गहराई देना चाहते हैं या अपने अनुभव साझा करना चाहते हैं, तो निःसंकोच संपर्क करें:

Email: roopali.gpt@gmail.com

YouTube पर और जानिए

अधिक आध्यात्मिक स्पष्टता, व्यावहारिक ज्ञान और नियमित शिक्षाओं के लिए हमारे YouTube चैनल से जुड़ें:

Happiness Center YouTube Channel @ https://www.youtube.com/@happinesscenter22

यहाँ आपको ऐसी आध्यात्मिक सत्र और गहरी समझ मिलेंगी जो आपको अपने वास्तविक स्वरूप से पुनः जुड़ने में सहायता करेंगी

लाइव ऑनलाइन कक्षाएँ से जुड़ें

यदि आप और गहराई में जाना चाहते हैं, प्रश्न पूछना चाहते हैं, और समान विचार वाले आध्यात्मिक साधकों के साथ जुड़ना चाहते हैं — क्यूआर कोड स्कैन करके हमारी व्हाट्सऐप समुदाय से जुड़ें:

लाइव मुरली सत्र

साप्ताहिक प्रश्नोतर सत्र

सहयोगी आध्यात्मिक समुदाय का साथ जुड़ें

Happiness Center Online

WhatsApp community

अंतिम संदेश

"खुशी कोई ऐसी चीज़ नहीं है जिसे प्राप्त करना हो... वह आपका वास्तविक स्वभाव है, जिसे केवल पहचानना है।"

आपकी आंतरिक यात्रा सुंदर, शांत और प्रकाशमय हो...

ढेरों शुभकामनाएँ

www.ingramcontent.com/pod-product-compliance
Lightning Source LLC
LaVergne TN
LVHW090409210926
848480LV00002B/512
9798905108075